insel taschenbuch 4738
Weihnachten mit Goethe

Weihnachten, das ist in Goethes Welt ein Fest des Kindes, das persönlich intensiv erlebt und literarisch immer wieder lebendig gestaltet wird. Einmal ist es Wilhelm Meister, der mit dem Puppenspiel beschenkt wird, dann sind es die eigenen Enkel, die liebevoll in ihrer Aufregung wahrgenommen werden. Auch Goethes Mutter trägt ihren Teil zum Fest bei, und Goethe behält überdies die vielen bildlichen Darstellungen der Weihnachtsszene im Auge. Erstaunlich ist, mit welcher Anschaulichkeit auch Silvester und Neujahr, dann das Dreikönigsfest in die Wahrnehmung dieser nicht immer nur stillen Zeit einbezogen werden.

Mathias Mayer, geboren 1958, lehrt Neuere Deutsche Literaturwissenschaft an der Universität Augsburg. Forschungsschwerpunkte liegen im Bereich der Goethezeit, der österreichischen Literatur, des Musiktheaters und der Ethik.

WEIHNACHTEN MIT Goethe

Herausgegeben von Mathias Mayer

Insel Verlag

Erste Auflage 2019
insel taschenbuch 4738
Originalausgabe
© Insel Verlag Berlin 2019
Vertrieb durch den Suhrkamp Taschenbuch Verlag
Umschlagabbildungen: akg-images; FinePic®
Umschlag: zero-media.net, München
Satz: Satz-Offizin Hümmer GmbH, Waldbüttelbrunn
Druck: CPI – Ebner & Spiegel, Ulm
Printed in Germany
ISBN 978-3-458-36438-2

Weihnachten

Frankfurt, 25. Dezember 1772
An Kestner

Cristtag früh. Es ist noch Nacht lieber Kestner, ich binn aufgestanden um bey Lichte Morgens wieder zu schreiben, das mir angenehme Erinnerungen voriger Zeiten zurückruft; ich habe mir Coffee machen lassen den Festtag zu ehren und will euch schreiben biss es Tag ist. Der Türner hat sein Lied schon geblasen ich wachte drüber auf. Gelobet seyst du Jesu Crist. Ich hab diese Zeit des Jahrs gar lieb, die Lieder die man singt; und die Kälte die eingefallen ist macht mich vollends vergnügt. Ich habe gestern einen herrlichen Tag gehabt, ich fürchtete für den heutigen, aber der ist auch gut begonnen und da ist mirs fürs enden nicht Angst. Gestern Nacht versprach ich schon meinen lieben zwey Schattengesichtern euch zu schreiben, sie schweben um mein Bett wie Engel Gottes. Ich hatte gleich bey meiner Ankunft Lottens Silhouette angesteckt, wie ich in Darmstadt war stellen sie mein Bett herein und siehe Lottens Bild steht zu Häupten das freute mich sehr, Lenchen hat ietzt die andre Seite ich danck euch Kestner für das liebe Bild, es stimmt weit mehr mit dem überein was ihr mir von ihr schriebt als alles was ich immaginirt hatte; so ist es nichts mit uns die wir rathen phantasiren und weissagen. Der Türner hat sich wieder zu mir gekehrt, der Nordwind bringt mir seine Melodie, als blies er vor meinem Fenster. Gestern lieber Kestner war ich mit einigen guten Jungens auf dem Lande, unsre Lustbaarkeit war sehr laut, und Geschrey und Gelächter von Anfang zu Ende. Das taugt sonst nichts für die kommende Stunde, Doch was können die heiligen Götter nicht wenden wenns Ihnen beliebt, sie gaben mir einen frohen Abend, ich hatte keinen Wein getruncken, mein Aug war ganz unbefangen über die Natur. Ein schöner Abend, als wir zurückgingen es ward Nacht. Nun muss ich dir sagen das ist immer eine Sympatie für meine seele wenn die Sonne lang hinunter ist und die Nacht von Morgen herauf nach Nord und Süd umsich gegriffen hat, und nur noch ein dämmernder Kreis vom abend heraufleuchtet.

FA II.1, S. 278

Aus »Die Leiden des jungen Werther«

am 20. Dec.

Ich danke deiner Liebe, Wilhelm, daß du das Wort so aufgefangen hast. Ja, du hast Recht: mir wäre besser, ich ginge. Der Vorschlag, den du zu einer Rückkehr zu euch thust, gefällt mir nicht ganz; wenigstens möchte ich noch gerne einen Umweg machen, besonders da wir anhaltenden Frost und gute Wege zu hoffen haben. Auch ist mir es sehr lieb, daß du kommen willst, mich abzuhohlen; verziehe nur noch vierzehn Tage, und erwarte noch einen Brief von mir mit dem weiteren. Es ist nöthig daß nichts gepflückt werde, ehe es reif ist; Und vierzehn Tage auf oder ab thun viel. Meiner Mutter sollst du sagen: daß sie für ihren Sohn bethen soll und daß ich sie um Vergebung bitte, wegen alles Verdrusses, den ich ihr gemacht habe. Das war nun mein Schicksal, die zu betrüben denen ich Freude schuldig war. Lebwohl, mein Theuerster! Allen Segen des Himmels über dich! Lebwohl!

Was in dieser Zeit in Lottens Seele vorging, wie ihre Gesinnungen gegen ihren Mann, gegen ihren unglücklichen Freund gewesen, getrauen wir uns kaum mit Worten auszudrücken, ob wir uns gleich davon, nach der Kenntniß ihres Charakters, wohl einen stillen Begriff machen können und eine schöne weibliche Seele sich in die ihrige denken und mit ihr empfinden kann.

So viel ist gewiß, sie war fest bey sich entschlossen alles zu thun, um Werthern zu entfernen und wenn sie zauderte, so war es eine herzliche freundschaftliche Schonung, weil sie wußte, wie viel es ihm kosten, ja daß es ihm beynahe unmöglich seyn würde. Doch ward sie in dieser Zeit mehr gedrängt Ernst zu machen; es schwieg ihr Mann ganz über dieß Verhältniß, wie sie auch immer darüber geschwiegen hatte und um so mehr war ihr angelegen, ihm durch die That zu beweisen, wie ihre Gesinnungen der seinigen werth seyen.

An demselben Tage als Werther den zuletzt eingeschalteten Brief an seinen Freund geschrieben, es war der Sonntag vor Weihnachten, kam er Abends zu Lotten und fand sie allein. Sie beschäftigte sich einige Spielwerke in Ordnung zu bringen, die sie ihren kleinen Geschwistern zum Christgeschenke zurecht gemacht hatte. Er redete von dem Vergnügen, das die Kleinen haben würden, und von den Zeiten, da einen die unerwartete Öffnung der Thür und die Erscheinung eines aufgeputzten Baumes mit Wachslichtern, Zuckerwerk und Äpfeln, in paradiesische Entzückung setzte. Sie sollen, sagte Lotte, indem sie ihre Verlegenheit unter ein liebes Lächeln verbarg, Sie sollen auch beschert kriegen, wenn Sie recht geschickt sind; ein Wachsstöckchen und noch was. – Und was heissen Sie geschickt seyn? rief er aus; wie soll ich seyn? wie kann ich seyn? beste Lotte! Donnerstag Abend, sagte sie ist Weihnachtsabend, da kommen die Kinder, mein Vater auch, da kriegt jedes das seinige, da kommen Sie auch – aber nicht eher. – Werther stutzte. – Ich bitte Sie, fuhr sie fort, es ist nun einmal so, ich bitte Sie um meiner Ruhe willen, es kann nicht, es kann nicht so bleiben! – Er wendete seine Augen von ihr, und ging in der Stube auf und ab, und murmelte das: Es kann nicht so bleiben! zwischen den

Zähnen. Lotte, die den schrecklichen Zustand fühlte, worein ihn diese Worte versetzt hatten, suchte durch allerley Fragen seine Gedanken abzulenken, aber vergebens. Nein, Lotte, rief er aus, ich werde Sie nicht wiedersehen! Warum das? versetzte sie, Werther, Sie können, Sie müssen uns wieder sehen, nur mäßigen Sie sich. O, warum mußten Sie mit dieser Heftigkeit, dieser unbezwinglich-haftenden Leidenschaft für alles was Sie einmal anfassen, gebohren werden! Ich bitte Sie, fuhr sie fort, indem sie ihn bey der Hand nahm, mäßigen Sie sich! Ihr Geist, Ihre Wissenschaften, Ihre Talente, was biethen die Ihnen für mannichfaltige Ergetzungen dar? Seyn Sie ein Mann! wenden Sie diese traurige Anhänglichkeit von einem Geschöpf, das nichts thun kann als Sie bedauren. – Er knirrte mit den Zähnen und sah sie düster an. Sie hielt seine Hand. Nur einen Augenblick ruhigen Sinn, Werther! sagte sie. Fühlen Sie nicht daß Sie sich betrügen, sich mit Willen zu Grunde richten! Warum denn mich, Werther? just mich, das Eigenthum eines Andern? just das? Ich fürchte, ich fürchte, es ist nur die Unmöglichkeit mich zu besitzen, die Ihnen diesen Wunsch so reizend macht. Er zog seine Hand aus der ihrigen, indem er sie mit einem starren unwilligen Blick ansah. Weise! rief er, sehr weise! Hat vielleicht Albert diese Anmerkung gemacht? Politisch! sehr politisch! – Es kann sie jeder machen, versetzte sie drauf. Und sollte denn in der weiten Welt kein Mädchen seyn, das die Wünsche Ihres Herzens erfüllte? Gewinnen Sie's über sich, suchen Sie darnach, und ich schwöre Ihnen Sie werden sie finden; denn schon lange ängstet mich für Sie und uns die Einschränkung, in die Sie sich diese Zeit her selbst gebannt haben. Gewinnen Sie es über Sich! eine Reise wird Sie, muß Sie zerstreuen! Suchen sie, finden Sie einen werthen Gegenstand Ihrer Liebe, und kehren Sie zurück und lassen Sie uns zusammen die Seligkeit einer wahren Freundschaft genießen.

Das könnte man, sagte er mit einem kalten Lachen, drucken lassen, und allen Hofmeistern empfehlen. Liebe Lotte! lassen Sie mir noch ein klein wenig Ruh, es wird alles werden! – Nur das, Werther, daß Sie nicht eher kommen als Weihnachtsabend! – Er wollte antworten und Albert trat in die Stube. Man both sich einen frostigen Guten Abend und ging verlegen im Zimmer neben einander auf und nieder. Werther fing einen unbedeutenden Discurs an, der bald aus war, Albert desgleichen, der sodann seine Frau nach gewissen Aufträgen fragte, und als er hörte sie seyen noch nicht ausgerichtet, ihr einige Worte sagte, die Werthern kalt ja gar hart vorkamen. Er wollte gehen, er konnte nicht und zauderte bis acht, da sich denn sein Unmuth und Unwillen immer vermehrte, bis der Tisch gedeckt wurde und er Hut und Stock nahm. Albert lud ihn zu bleiben, er aber, der nur ein unbedeutendes Compliment zu hören glaubte, dankte kalt dagegen und ging weg.

Er kam nach Hause, nahm seinem Burschen, der ihm leuchten wollte, das Licht aus der Hand und ging allein in sein Zimmer, weinte laut, redete aufgebracht mit sich selbst, ging heftig die Stube auf und ab, und warf sich endlich in seinen Kleidern aufs Bette, wo ihn der Bediente fand, der es gegen eilfe wagte hinein zu gehen, um zu fragen, ob er dem Herrn die Stiefeln ausziehen sollte? das er denn zuließ und dem Bedienten verboth, den andern Morgen ins Zimmer zu kommen, bis er ihn rufen würde.

Montags früh, den ein und zwanzigsten December schrieb er folgenden Brief an Lotten, den man nach seinem Tode versiegelt auf seinem Schreibtische gefunden und ihr überbracht hat, und den ich Absatzweise hier einrücken will, so wie aus den Umständen erhellet, daß er ihn geschrieben habe.

Es ist beschlossen, Lotte, ich will sterben, und das schreibe ich dir ohne romantische Überspannung gelassen, an dem Morgen des Tages, an dem ich dich zum letztenmale sehen werde. Wenn du dieses liesest, meine Beste, deckt schon das kühle Grab die erstarrten Reste des Unruhigen, Unglücklichen, der für die letzten Augenblicke seines Lebens keine größere Süßigkeit weiß als sich mit dir zu unterhalten. Ich habe eine schreckliche Nacht gehabt, und ach! eine wohlthätige Nacht. Sie ist es, die meinen Entschluß befestigt, bestimmt hat: ich will sterben! Wie ich mich gestern von dir riß, in der fürchterlichen Empörung meiner Sinnen, wie sich alles das nach meinem Herzen drängte, und mein hoffnungsloses, freudeloses Daseyn neben dir, in gräßlicher Kälte mich anpackte – ich erreichte kaum mein Zimmer, ich warf mich außer mir auf meine Knie, und o Gott! du gewährtest mir das letzte Labsal der bittersten Thränen! Tausend Anschläge, tausend Aussichten wütheten durch meine Seele, und zuletzt stand er da, fest, ganz, der letzte einzige Gedanke: ich will sterben! – Ich legte mich nieder, und Morgens in der Ruhe des Erwachens, steht er noch fest, noch ganz stark in meinem Herzen: ich will sterben! – Es ist nicht Verzweiflung, es ist Gewißheit, daß ich ausgetragen habe, und daß ich mich opfre für dich. Ja, Lotte! warum sollte ich es verschweigen? eins von uns dreyen muß hinweg und das will ich seyn! O meine Beste! in diesem zerrissenen Herzen ist es wüthend herumgeschlichen, oft – deinen Mann zu ermorden! – dich! – mich! – So sey es! – Wenn du hinaufsteigst auf den Berg, an einem schönen Sommerabende, dann erinnere dich meiner, wie ich so oft das Thal herauf kam, und dann blicke nach dem Kirchhofe hinüber nach meinem Grabe, wie der Wind das hohe Gras im Scheine der sinkenden Sonne, hin und her wiegt – Ich war ruhig da ich anfing, nun nun weine ich wie ein Kind, da alles das so lebhaft um mich wird.

FA I.8, S. 217, 219, 221, 223, 225

Aus Goethes Brieftasche

Wenn Rembrandt seine Mutter Gottes mit dem Kinde als niederländische Bäurin vorstellt, sieht freilich jedes Herrchen, daß entsetzlich gegen die Geschichte geschlägelt ist, welche vermeldet: Christus seie zu Bethlehem im jüdischen Lande geboren worden. Das haben die Italiener besser gemacht! sagt er: Und wie? – Hat Raphael was anders, was mehr gemalt, als eine liebende Mutter mit ihrem Ersten, Einzigen? und war aus dem Sujet etwas anders zu malen? Und ist Mutterliebe in ihren Abschattungen nicht eine ergiebige Quelle für Dichter und Maler, in allen Zeiten? Aber es sind die biblischen Stücke, alle durch kalte Veredlung und die gesteifte Kirchenschicklichkeit aus ihrer Einfalt und Wahrheit herausgezogen und dem teilnehmenden Herzen entrissen worden, um gaffende Augen des Dumpfsinns zu blenden. Sitzt nicht Maria zwischen den Schnörkeln aller Altareinfassungen, vor den Hirten, mit dem Knäblein da, als ließ sie's um Geld sehn, oder habe sich, nach ausgeruhten vier Wochen, mit aller Kindbettsmuße und Weibseitelkeit auf die Ehre dieses Besuchs vorbereitet? Das ist nun *schicklich*! das ist *gehörig*! das stößt nicht mit der Geschichte.

FA I.8, S. 178f.

Aus »Wilhelm Meisters theatralische Sendung«

Erstes Buch, Erstes Kapitel

Es war einige Tage vor dem Christabend 174 – als Benedikt Meister Burger und Handelsmann zu M-, einer mittlern Reichsstadt, aus seinem gewöhnlichen Kränzgen Abends gegen achte nach Hause ging. Es hatte sich wider die Gewohnheit die Tarock Partie früher geendigt, und es war ihm nicht ganz gelegen, daß er so zeitlich in seine vier Wände zurückkehren sollte, die ihm seine Frau eben nicht zum Paradiese machte. Es ware noch Zeit bis zum Nachtessen, und so einen Zwischenraum pflegte sie ihm nicht mit Annehmlichkeiten auszufüllen, deswegen er lieber nicht ehe zu Tische kam als wenn die Suppe schon etwas überkocht hatte.

Er ging langsam, und dachte so dem Burgermeister Amte nach, das er das letzte Jahr geführt hatte, und dem Handel, und den kleinen Vorteilen, als er eben im Vorbeigehen seiner Mutter Fenster sehr emsig erleuchtet sah. Das alte Weib lebte, nachdem sie ihren Sohn ausgestattet, und ihm ihre Handlung übergeben hatte, in einem kleinen Häusgen zurückgezogen, wo sie nun vor sich allein mit einer Magd bei ihren reichlichen Renten sich wohlbefand, ihren Kindern und Enkeln mit unter was zu Gute tat, ihnen aber das Beste bis nach ihrem Tode aufhub, wo sie hoffte daß sie gescheuter sein sollten, als sie bei ihrem Leben nicht hatte sehen können. Meister war durch einen geheimen Zug nach dem Hause geführt, da ihm, als er angepocht hatte, die Magd hastig und geheimnisvoll die Türe öffnete, und ihn zur Treppe hinauf begleitete. Er fand, als er zur Stubentüre hineintrat, seine Mutter an einem großen Tische mit Wegräumen und Zudecken beschäftigt, die ihm auf seinen guten Abend mit einem: du kommst mir nicht ganz gelegen, antwortete. Weil du nun einmal da bist so magst du's wissen, da sieh was ich zurecht mache, sagte sie, und hob die Servietten auf, die über's Bett geschlagen waren, und tat zugleich einen Pelzmantel weg, den sie in der Eile übern Tisch gebreitet hatte, da nun denn der Mann eine Anzahl spannenlanger, artig gekleideter Puppen erblickte, die in schöner Ordnung, die beweglichen Drähte an den Köpfen befestigt neben einander lagen, und nur den Geist zu erwarten schienen, der sie aus ihrer Untätigkeit regen sollte. Was gibt denn das Mutter? sagte Meister. Einen heiligen Christ vor deine Kinder! antwortete die Alte, wenn's ihnen so viel Spaß macht, als mir eh' ich sie fertig kriegte, soll mir's lieb sein. Er besah's eine Zeitlang, wie es schien, sorgfältig, um ihr nicht gleich den Verdruß zu machen, als hielte er ihre Arbeit vergeblich. Liebe Mutter, sagte er endlich, Kinder sind Kinder, Sie macht sich zu viel zu schaffen, und am Ende seh' ich nicht was es nutzen soll. – Sei nur stille, sagte die Alte, indem sie die Kleider der Puppen, die sich etwas verschoben hatten, zurecht rückte, laß es nur gut sein, sie werden eine rechte Freude haben, es ist so her gebracht bei mir und das weißt du auch, und ich lasse nicht davon; wie ihr klein, wart ⟨ihr⟩ immer drin vergakkelt, und trugt euch mit euern Spiel und Naschsachen herum die ganze Feiertage; euere Kinder sollens nun auch so wohl haben, ich bin Großmutter und weiß was ich zu tun habe. – Ich will Ihr's nicht verderben, sagte Meister, ich denke nur, was soll den Kindern daß man's ihnen heut oder morgen gibt, wenn sie was brauchen so geb ich's ihnen, was braucht's da heiliger Christ zu. Da sind Leute, die lassen ihre Kinder verlumpen und sparens bis auf den Tag. – Benedikt, sagte die Alte, ich habe ihnen Puppen geputzt, und habe ihnen eine Komödie zurechte gemacht, Kinder müssen Komödien haben und Puppen. Es war euch auch in eurer Jugend so, ihr habt mich um manchen Batzen gebracht um den Doktor Faust und das Mohren Ballet zu sehen, ich weiß nun nicht was ihr mit euern Kindern wollt, und warum ihnen nicht so gut werden soll wie euch.

Wer ist denn das, sagte Meister, indem er eine Puppe aufhub. Verwirrt mir die Drähte nicht, sagte die Alte, es ist mehr Mühe als Ihr denkt, bis mans so zusammen kriegt. Seht nur das da ist König Saul. Ihr müßt nicht denken, daß ich was umsonst ausgebe, was Läppgen sind, die hab ich all in meinem Kasten, und das bißgen falsch Silber und Gold das drauf ist, das kann ich wohl dran wenden. – Die Püppgen sind recht hübsch, sagte Meister. Das denk ich, lächelte die Alte, und kosten doch nicht viel. Der alte lahme Bildhauer Merks, der mir Interesse schuldig ist von seinem Häusgen so lang, hat mir Hände, Füße, und Gesichter ausschneiden müssen, kein Geld krieg ich doch nicht von ihm, und vertreiben kann ich ihn nicht, er sitzt schon seit meinem seligen Mann her, und hat immer richtig eingehalten bis zu seiner zwoten unglücklichen Heurat. – Dieser in schwarzen Samt und der goldenen Krone das ist Saul? fragte Meister, wer sind denn die andern? – Das solltest du so sehen, sagte die Mutter. Das hier ist Jonathan, der hat Gelb und Rot, weil er jung ist, und flatterig und hat einen Turban auf. Der oben ist Samuel, der hat mir am meisten Mühe gemacht mit dem Brustschildgen. Sieh den Leibrock, das ist ein schieler Taft, den ich auch noch als Jungfer getragen habe. – Gute Nacht, sagte Meister, es schlägt just achte. – Sieh nur noch den David, sagte die Alte! Ah der ist schön, der ist ganz geschnitzt und hat rote Haare; sieh wie klein er ist, und hübsch. – Wo ist denn nun der Goliath, sagte Meister, der wird doch nun auch kommen. – Der ist noch nicht fertig, sagte die Alte. Das muß ein Meisterstück werden. Wenn's nur erst alles fertig ist. Das Theater macht mir der Konstabler Lieutenant fertig, mit seinem Bruder; und hinten zum Tanz da sind Schäfer und Schäferinnen, Mohren und Mohrinnen, Zwerge und Zwerginnen, es wird recht hübsch werden!

Laß es nur gut sein, und sag zu Hause nichts davon, und mach nur, daß dein Wilhelm nicht hergelaufen kommt, der wird eine rechte Freude haben, denn ich denk's noch wie ich ihn die letzte Messe in's Puppenspiel schickte was er mir alles erzählt hat, und wie er's begriffen hat. – Sie gibt sich zu viel Mühe, sagte Meister indem er nach der Türe griff. – Wenn man sich um der Kinder willen keine Mühe gäbe wie wärt ihr groß geworden, sagte die Großmutter.

Die Magd nahm ein Licht und führt' ihn hinunter. –

Zweites Kapitel

Der Christabend nahte heran in seiner vollen Feierlichkeit. Die Kinder liefen den ganzen Tag herum und standen am Fenster, in ängstlicher Erwartung, daß es nicht Nacht werden wollte. Endlich rief man sie, und sie traten in die Stube, wo jedem sein wohlerleuchtetes Anteil zu höchstem Erstaunen angewiesen ward. Jeder hatte von dem Seinigen Besitz genommen, und war nach einem Zeitlang Angaffen, im Begriff, es in eine Ecke und in seine Gewahrsam zu bringen, als ein unerwartetes Schauspiel sich vor ihren Augen auftät. Eine Tür, die aus einem Nebenzimmer herein ging, öffnete sich, allein, nicht wie sonst zum Hin und Widerlaufen, der Eingang war durch eine unerwartete Festlichkeit ausgefüllt, ein grüner Teppich der über einem Tisch herabhing bedeckte fest angeschlossen den untern Teil der Öffnung, von da auf baute sich ein Portal in die Höhe das mit einem mystischen Vorhang verschlossen war, und was von da auf die Türe noch zu hoch sein mogte bedeckte ein Stück dunkelgrünes Zeug, und beschloß das Ganze. Erst standen sie alle von fern, und wie ihre Neugierde größer wurde um zu sehen was Blinkendes ⟨sich⟩ hinter dem Vorhang verbergen mögte, wies man jedem sein Stühlgen an, und gebot ihnen freundlich in Geduld zu erwarten. Wilhelm war der einzige der in ehrerbietiger Entfernung stehen blieb, und sich's zwei dreimal von seiner Großmutter sagen ließ bis er auch sein Plätzgen einnahm. So saß nun alles, und war still, und mit dem Pfiff rollte der Vorhang in die Höhe, und zeigte eine hochrot gemalte Aussicht in den Tempel. Der Hohepriester Samuel erschien mit Jonathan und ihre wechselnde Stimmen vergeisterten ganz ihre kleine Zuschauer. Endlich trat Saul auf in großer Verlegenheit über die Impertinenz womit der schwerlötige Kerl ihn und die Seinigen ausgefodert hatte – wie wohl ward's da unserm Wilhelm der alle Worte abpaßte und bei allem zugegen war als der zwerggestaltete raupigte Sohn Isai mit seinem Schäferstab und Hirtentasche und Schleuder hervortrat und sprach: großmächtigster König und Herr Herr! es entfalle keinem der Mut um dessentwillen, wenn Ihro Majestät mir erlauben wollen so will ich hingehen und mit dem gewaltigen Riesen in den Streit treten. Dieser actus endigte sich. Die übrigen Kleinen waren alle vergackelt, Wilhelm allein erwartete das Folgende, und sann drauf, er war unruhig den großen Riesen zu sehen, und wie alles ablaufen würde. –

Der Vorhang ging wieder auf. David weihte das Fleisch des Ungeheuers den Vögeln unter dem Himmel, und den Tieren auf dem Felde. Der Philister sprach Hohn, stampfte viel mit beiden Füßen, fiel endlich wie ein Klotz und gab der ganzen Sache einen herrlichen Ausschlag. Wie denn nachher die Jungfrauen sungen: Saul hat Tausend geschlagen, David aber zehen Tausend, und der Kopf des Riesen vor dem kleinen Überwinder hergetragen wurde, und er davor die schöne Königs Tochter zur Gemahlin kriegte; verdroß es Wilhelmen doch bei aller Freude daß der Glücksprinz so zwergenmäßig gebildet wäre. Denn nach der Idee vom großen Goliath und kleinen David hatte die liebe Großmutter nichts verfehlt um beide recht charakteristisch zu machen. Die dumpfe Aufmerksamkeit der übrigen Geschwister dauerte ununterbrochen fort, Wilhelm aber geriet in eine Nachdenklichkeit, darüber er das Ballet von Mohren und Mohrinnen, Schäfern und Schäferinnen, Zwergen und Zwerginnen nur wie im Schatten vor sich hingaukeln sah. Der Vorhang fiel zu, die Türe schloß sich, und die ganze kleine Gesellschaft war wie betrunken taumelnd und begierig in's Bett zu kommen, nur Wilhelm der aus Gesellschaft mit mußte lag allein, dunkel über das Vergangene, nachdenkend, unbefriedigt in seinem Vergnügen, voller Hoffnungen, Drang und Ahndung.

Drittes Kapitel

Den andern Tag war eben alles wieder verschwunden, der mystische Schleier war aufgehoben, man ging durch diese Türe wieder frei aus einer Stube in die andre, aus der Abends vorher so viel Abenteuer geleuchtet hatten. Die übrigen liefen mit ihren Spielsachen auf und ab, Wilhelm allein schlich hin und her als wenn er eine verlorne Liebe suchte, als wenn er's fast unmöglich glaubte, daß da nur zwei Türpfosten sein sollten, wo gestern so viel Zauberei gewesen war. Er bat seine Mutter, sie mögte es ihm doch wieder spielen lassen, von der er eine harte Antwort bekam, weil sie keine Freude an dem Spaße, den die Großmutter ihren Enkeln machte, haben konnte da dieses ihr einen Vorwurf ihrer Unmütterlichkeit zu machen schien. Es ist mir leid, daß ich es sagen muß, indes ist es wahr, daß diese Frau, die von ihrem Manne fünf Kinder hatte, zwei Söhne, und drei Töchter, wovon Wilhelm der Älteste war, noch in ihren ältern Jahren eine Leidenschaft für einen abgeschmackten Menschen kriegte, die ihr Mann gewahr wurde, nicht ausstehen konnte, und worüber Nachlässigkeit, Verdruß, und Hader sich in den Haushalt ein schlich; daß, wäre der Mann nicht ein redlicher treuer Bürger, und seine Mutter eine gutdenkende billige Frau gewesen, schimpflicher Ehe- und Scheidungsprozeß die Familie entehrt hätte. Die armen Kinder waren am übelsten dran, denn, wie sonst so ein hülfloses Geschöpf, wenn der Vater unfreundlich ist, sich zu der Mutter flüchtet, so kamen sie hier von der andern Seite doppelt übel an, denn die Mutter hatte in ihrer Unbefriedigung meistens auch üble Launen, und wenn sie die nicht hatte, so schimpfte sie doch wenigstens auf den Alten, und freute sich, eine Gelegenheit zu finden, wo sie seine Härte, seine Rauhigkeit, sein übles Betragen heraussetzen konnte. Wilhelmen schmerzte das etliche mal, er verlangte nur Schutz gegen seinen Vater, und Trost wenn er ihm übel begegnet war, aber, daß man ihn verkleinerte konnte er nicht leiden, daß man seine Klagen als Zeugnisse gegen einen Mann mißdeutete, den er im Grunde des Herzens recht lieb hatte. Er kriegte dadurch eine Entfremdung gegen seine Mutter, und war daher recht übel dran, weil sein Vater auch ein harter Mann war; daß ihm also nichts übrig bliebe als sich in sich selbst zu verkriechen, ein Schicksal, daß bei Kindern und Alten von großen Folgen ist. –

Viertes Kapitel

Wilhelm hatte in seiner Kindlichkeit eine Zeitlang hin gelebt, manchmal an jenen glücklichen Weihnachts-Abend überhin gedacht, immer gerne Bilder gesehen, Feen und Helden Geschichte gelesen, als die Großmutter die doch auch so viel Mühe nicht umsonst wollte gehabt haben, bei dem langüberlegten Besuch einiger Nachbarskinder, veranlassete, daß das Puppenspiel wieder aufgeschlagen und wieder geben wurde.

Hatte Wilhelm das erstemal die Freude der Überraschung

und des Staunens, so hatte er zum zweiten die Wollust des Aufmerkens und Forschens. Wie das zuginge? war itzo sein Anliegen. Daß die Puppen nicht selbst redeten, das hatte er sich das erstemal schon gesagt, daß sie sich nicht von selbst bewegten, darüber ließ er sich nicht vexieren, aber warum das alles doch so hübsch war, und es doch so aussah als wenn sie selbst redeten und sich bewegten, warum man so gerne zusah, und wo die Lichter und die Leute sein mögten, das war ihm ein Rätsel, das ihn um desto mehr beunruhigte, jemehr er wünschte zugleich unter den Bezauberten und Zauberern zu sein, zugleich seine Hände verdeckt im Spiel zu haben und als Zuschauer eben die Freude zu genießen die er und die übrige Kinder empfingen. Das Stück war bald zu Ende und wieder am Tanz, als er sich listig der Hülle zu nähern suchte. Kaum war der Vorhang gefallen man war unaufmerksam, und er hörte inwendig am Klappern, daß man mit Aufräumen beschäftigt seie, so hub er den untern Teppich auf und guckte zwischen den Tischbeinen weg. Eine Magd bemerkte es haußen und zog ihn zurück, allein er hatte doch so viel gesehen, daß man Freunde und Feinde, Saul und Goliath, Mohren und Zwerge in Einen Schiebkasten packte, und das war seiner halb befriedigten Neugierde frische Nahrung. So wie in gewissen Zeiten die Kinder auf den Unterschied der Geschlechter aufmerksam werden, und ihnen Blicke durch die Hüllen, die diese Geheimnisse verbergen, gar wunderbare Bewegungen in ihrer Natur hervor bringen, so war's Wilhelmen mit dieser Entdeckung, er war ruhiger und unruhiger als vorher, dauchte sich, daß er was erfahren hätte, und spürte eben daran, daß er gar nichts wüsse.

FA I.9, S. 11-18

Weimar, 24. Dezember 1780
An Charlotte von Stein

Was man thut ist doch immer besser als was man sagt, Sie geben mir mit Ihrem Geschenck den Muth wieder den Sie mir gestern genommen haben. Ich dancke recht sehr und weihe hiermit Ihre Feder ein. Adieu beste.

WA IV.5, S. 20

Rom, 29. Dezember 1786
An Friedrich von Stein

Die ganze Nacht vor dem Weihnachtsfest sind wir in den Kirchen herumgefahren und haben die Feierlichkeiten angesehen und angehört. Zu St. Apollinar war Musik. St. Peter mit wenigen Lichtern, Lampen und Fackeln kaum erleuchtet, so daß man das ungeheure Gebäude kaum wieder erkannte. In einer sehr erleuchteten Seitenkapelle sangen die Chorherren die Frühmetten. In St. Maria maggiore war die Kirche schön erleuchtet; dort haben sie einige Stücke von der Krippe Christi. Es zieht eine Prozession mit Fackeln umher, es wird ein silbernes Kindlein auf einer silbernen sehr verzierten Wiege getragen u. s. w.

Am Weihnachtsmorgen hielt der Pabst in St. Peter Hochamt, bei dem die Cardinäle ministrirten. Es mögen 2000 Menschen in der Kirche gewesen seyn und man bemerkte sie kaum, da man hineintrat, da sie Alle um den Hochaltar standen.

WA IV.8, S. 104.

Aus »Italienische Reise«
Rom, 6. Januar 1787

Daß ich auch einmal wieder von kirchlichen Dingen rede, so will ich erzählen, daß wir die Christnacht herumschwärmten und die Kirchen besuchten, wo Funktionen gehalten werden. Eine besonders ist sehr besucht, deren Orgel und Musik überhaupt so eingerichtet ist, daß zu einer Pastoral-Musik nichts an Klängen abgeht, weder die Schalmeien der Hirten, noch das Zwitschern der Vögel, noch das Blöken der Schafe.

Am ersten Christfeste sah ich den Papst und die ganze Klerisei in der Peterskirche, da er zum Teil vor dem Thron, zum Teil vom Thron herab das Hochamt hielt. Es ist ein einziges Schauspiel in seiner Art, prächtig und würdig genug, ich bin aber im protestantischen Diogenismus so alt geworden, daß mir diese Herrlichkeit mehr nimmt als gibt, ich möchte auch, wie mein frommer Vorfahre, zu diesen geistlichen Weltüberwindern sagen: verdeckt mir doch nicht die Sonne höherer Kunst und reiner Menschheit.

Heute, als am drei Königs-Feste, habe ich die Messe nach griechischem Ritus vortragen sehen und hören. Die Zeremonien scheinen mir stattlicher, strenger, nachdenklicher und doch populärer als die lateinischen.

Auch da hab' ich wieder gefühlt, daß ich für alles zu alt bin nur fürs Wahre nicht. Ihre Zeremonien und Opern, ihre Umgänge und Ballette, es fließt alles wie Wasser von einem Wachstuchmantel an mir herunter. Eine Wirkung der Natur hingegen, wie der Sonnenuntergang von Villa Madama gesehen, ein Werk der Kunst, wie die viel verehrte Juno, machen tiefen und bleibenden Eindruck.

Nun graut mir schon vor dem Theaterwesen. Die nächste Woche werden sieben Bühnen eröffnet. Anfossi ist selbst hier und gibt Alexander in Indien; auch wird ein Cyrus gegeben, und die Eroberung von Troja als Ballet. Das wäre was für die Kinder.

FA I.15,1, S. 167

Aus »Italienische Reise«
Neapel, 27. Mai 1787

Hier ist der Ort noch einer andern entschiedenen Liebhaberei der Neapolitaner überhaupt zu gedenken. Es sind die Krippchen (presepe) die man zu Weihnachten in allen Kirchen sieht, eigentlich die Anbetung der Hirten, Engel und Könige vorstellend, mehr oder weniger vollständig, reich und kostbar zusammen gruppiert. Diese Darstellung ist in dem heitern Neapel bis auf die flachen Hausdächer gestiegen, dort wird ein leichtes, hüttenartiges Gerüste erbaut, mit immergrünen Bäumen und Sträuchen aufgeschmückt. Die Mutter Gottes, das Kind und die sämtlichen Umstehenden und Umschwebenden kostbar ausgeputzt, auf welche Garderobe das Haus große Summen verwendet. Was aber das Ganze unnachahmlich verherrlicht ist der Hintergrund, welcher den Vesuv mit seinen Umgebungen einfaßt.

FA I.15,1, S. 354

Christgeschenk

Mein süßes Liebchen! Hier in Schachtelwänden
Gar mannigfalt geformte Süßigkeiten.
Die Früchte sind es heil'ger Weihnachtszeiten,
Gebackne nur, den Kindern auszuspenden!

Dir möcht' ich dann mit süßem Redewenden
Poetisch Zuckerbrot zum Fest bereiten;
Allein was soll's mit solchen Eitelkeiten?
Weg den Versuch, mit Schmeichelei zu blenden!

Doch gibt es noch ein Süßes, das vom Innern
Zum Innern spricht, genießbar in der Ferne,
Das kann nur bis zu dir hinüber wehen.

Und fühlst du dann ein freundliches Erinnern,
Als blinkten froh dir wohlbekannte Sterne,
Wirst du die kleinste Gabe nicht verschmähen.

FA I.2, S. 256 f.

Epoche

Mit Flammenschrift war innigst eingeschrieben
Petrarca's Brust, vor allen andern Tagen,
Karfreitag. Eben so, ich darf's wohl sagen,
Ist mir *Advent* von Achtzehnhundert sieben.

Ich fing nicht an, ich fuhr nur fort zu lieben
Sie, die ich früh im Herzen schon getragen,
Dann wieder weislich aus dem Sinn geschlagen,
Der ich nun wieder bin an's Herz getrieben.

Petrarca's Liebe, die unendlich hohe,
War leider unbelohnt und gar zu traurig,
Ein Herzensweh, ein ewiger Karfreitag;

Doch stets erscheine, fort und fort, die frohe,
Süß, unter Palmenjubel, wonneschaurig,
Der Herrin Ankunft mir, ein ew'ger Maitag.

FA I.2, S. 259

Aus »Die Wahlverwandtschaften«
Zweiter Teil, 6. Kapitel

Die Sache verhielt sich also. Daß Ottilie durch Lucianens Eifersucht von den Gemäldedarstellungen ausgeschlossen worden, war ihm höchst empfindlich gewesen; daß Charlotte diesem glänzenden Teil der geselligen Unterhaltung nur unterbrochen beiwohnen können, weil sie sich nicht wohl befand, hatte er gleichfalls mit Bedauern bemerkt: nun wollte er sich nicht entfernen, ohne seine Dankbarkeit auch dadurch zu beweisen, daß er zur Ehre der einen und zur Unterhaltung der andern, eine weit schönere Darstellung veranstaltete als die bisherigen gewesen waren. Vielleicht kam hierzu, ihm selbst unbewußt, ein andrer geheimer Antrieb: es ward ihm so schwer, dieses Haus, diese Familie zu verlassen, ja es schien ihm unmöglich von

Ottiliens Augen zu scheiden, von deren ruhig freundlich gewogenen Blicken er die letzte Zeit fast ganz allein gelebt hatte.

Die Weihnachtsfeiertage nahten sich und es wurde ihm auf einmal klar, daß eigentlich jene Gemäldedarstellungen durch runde Figuren von dem sogenannten Presepe ausgegangen, von der frommen Vorstellung, die man in dieser heiligen Zeit der göttlichen Mutter und dem Kinde widmete, wie sie in ihrer scheinbaren Niedrigkeit erst von Hirten bald darauf von Königen verehrt werden.

Er hatte sich die Möglichkeit eines solchen Bildes vollkommen vergegenwärtigt. Ein schöner frischer Knabe war gefunden; an Hirten und Hirtinnen konnte es auch nicht fehlen; aber ohne Ottilien war die Sache nicht auszuführen. Der junge Mann hatte sie in seinem Sinne zur Mutter Gottes erhoben, und wenn sie es abschlug, so war bei ihm keine Frage, daß das Unternehmen fallen müsse. Ottilie halb verlegen über seinen Antrag wies ihn mit seiner Bitte an Charlotten. Diese erteilte ihm gern die Erlaubnis, und auch durch sie ward die Scheu Ottiliens, sich jener heiligen Gestalt anzumaßen, auf eine freundliche Weise überwunden. Der Architekt arbeitete Tag und Nacht, damit am Weihnachtsabend nichts fehlen möge.

Und zwar Tag und Nacht im eigentlichen Sinne. Er hatte ohnehin wenig Bedürfnisse, und Ottiliens Gegenwart schien ihm statt alles Labsals zu sein; indem er um ihretwillen arbeitete, war es als wenn er keines Schlafs, indem er sich um sie beschäftigte, keiner Speise bedürfte. Zur feierlichen Abendstunde war deshalb alles fertig und bereit. Es war ihm möglich gewesen wohltönende Blasinstrumente zu versammeln, welche die Einleitung machten und die gewünschte Stimmung hervorzubringen wußten. Als der Vorhang sich hob, war Charlotte wirklich überrascht. Das Bild das sich ihr vorstellte, war so oft in der Welt wiederholt, daß man kaum einen neuen Eindruck davon erwarten sollte. Aber hier hatte die Wirklichkeit als Bild ihre besondern Vorzüge. Der ganze Raum war eher nächtlich als dämmernd, und doch nichts undeutlich im Einzelnen der Umgebung. Den unübertrefflichen Gedanken, daß alles Licht vom Kinde ausgehe, hatte der Künstler durch einen klugen Mechanismus der Beleuchtung auszuführen gewußt, der durch die beschatteten, nur von Streiflichtern erleuchteten Figuren im Vordergrunde zugedeckt wurde. Frohe Mädchen und Knaben standen umher; die frischen Gesichter scharf von unten beleuchtet. Auch an Engeln fehlte es nicht, deren eigener Schein von dem göttlichen verdunkelt, deren ätherischer Leib vor dem göttlich-menschlichen verdichtet und lichtsbedürftig schien.

Glücklicherweise war das Kind in der anmutigsten Stellung eingeschlafen, so daß nichts die Betrachtung störte, wenn der Blick auf der scheinbaren Mutter verweilte, die mit unendlicher Anmut einen Schleier aufgehoben hatte, um den verborgenen Schatz zu offenbaren. In diesem Augenblick schien das Bild festgehalten und erstarrt zu sein. Physisch geblendet, geistig überrascht, schien das umgebende Volk sich eben bewegt zu haben, um die getroffnen Augen wegzuwenden, neugierig erfreut wieder hinzublinzen und mehr Verwunderung und Lust, als Bewunderung und Verehrung anzuzeigen; obgleich diese auch nicht vergessen und einigen ältern Figuren der Ausdruck derselben übertragen war.

Ottiliens Gestalt, Gebärde, Miene, Blick übertraf aber alles was je ein Maler dargestellt hat. Der gefühlvolle Kenner, der diese Erscheinung gesehen hätte, wäre in Furcht geraten, es möge sich nur irgend etwas bewegen, er wäre in Sorge gestanden, ob ihm jemals etwas wieder so gefallen könne. Unglücklicherweise war Niemand da, der diese ganze Wirkung aufzufassen vermocht hätte. Der Architekt allein, der als langer schlanker Hirt von der Seite über die Knienden hereinsah, hatte, obgleich nicht in dem genausten Standpunkt, noch den größten Genuß. Und wer beschreibt auch die Miene der neugeschaffenen Himmelskönigin? Die reinste Demut, das liebenswürdigste Gefühl von Bescheidenheit bei einer großen unverdient erhaltenen Ehre, einem unbegreiflich unermeßlichen Glück, bildete sich in ihren Zügen, sowohl indem sich ihre eigene Empfindung, als indem sich die Vorstellung ausdrückte, die sie sich von dem machen konnte was sie spielte.

Charlotten erfreute das schöne Gebilde, doch wirkte hauptsächlich das Kind auf sie. Ihre Augen strömten von Tränen und sie stellte sich auf das lebhafteste vor, daß sie ein ähnliches liebes Geschöpf bald auf ihrem Schoße zu hoffen habe.

Man hatte den Vorhang niedergelassen, teils um den Vorstellenden einige Erleichterung zu geben, teils eine Veränderung in dem Dargestellten anzubringen. Der Künstler hatte sich vorgenommen, das erste Nacht- und Niedrigkeitsbild in ein Tag- und Glorienbild zu verwandeln, und deswegen von allen Seiten eine unmäßige Erleuchtung vorbereitet, die in der Zwischenzeit angezündet wurde.

Ottilien war in ihrer halb theatralischen Lage bisher die größte Beruhigung gewesen, daß außer Charlotten und wenigen Hausgenossen Niemand dieser frommen Kunstmummerei zugesehen. Sie wurde daher einigermaßen betroffen, als sie in der Zwischenzeit vernahm, es sei ein Fremder angekommen, im Saale von Charlotten freundlich begrüßt. Wer es war, konnte man ihr nicht sagen. Sie ergab sich darein, um keine Störung zu verursachen. Lichter und Lampen brannten und eine ganz unendliche Hellung umgab sie. Der Vorhang ging auf, für die Zuschauenden ein überraschender Anblick: das ganze Bild war alles Licht, und statt des völlig aufgehobenen Schattens blieben nur die Farben übrig, die bei der klugen Auswahl eine liebliche Mäßigung hervorbrachten. Unter ihren langen Augenwimpern hervorblickend bemerkte Ottilie eine Mannsperson neben Charlotten sitzend. Sie erkannte ihn nicht, aber sie glaubte die Stimme des Gehülfen aus der Pension zu hören. Eine wunderbare Empfindung ergriff sie. Wie vieles war begegnet, seitdem sie die Stimme dieses treuen Lehrers nicht vernommen! Wie im zackigen Blitz fuhr die Reihe ihrer Freuden und Leiden schnell vor ihrer Seele vorbei und regte die Frage auf: darfst du ihm alles bekennen und gestehen? Und wie wenig wert bist du unter dieser heiligen Gestalt vor ihm zu erscheinen, und wie seltsam muß es ihm vorkommen, dich die er nur natürlich gesehen, als Maske zu erblicken? Mit einer Schnelligkeit die keines gleichen hat, wirkten Gefühl und Betrachtung in ihr gegeneinander. Ihr Herz war befangen, ihre Augen füllten sich mit Tränen, indem sie sich zwang immerfort als ein starres Bild zu erscheinen; und wie froh war sie, als der Knabe sich zu regen anfing, und der Künstler sich genötigt sah das Zeichen zu geben, daß der Vorhang wieder fallen sollte.

Hatte das peinliche Gefühl, einem werten Freunde nicht entgegeneilen zu können, sich schon die letzten Augenblicke zu den übrigen Empfindungen Ottiliens gesellt, so war sie jetzt in noch größerer Verlegenheit. Sollte sie in diesem fremden Anzug und Schmuck ihm entgegengehn? sollte sie sich umkleiden? Sie wählte nicht, sie tat das letzte und suchte sich in der Zwischenzeit zusammenzunehmen, sich zu beruhigen, und war nur erst wieder mit sich selbst in Einstimmung als sie endlich im gewohnten Kleide den Angekommenen begrüßte.

FA I.8, S. 437-441

Aus »Dichtung und Wahrheit«
Erstes Buch

Gewöhnlich hielten wir uns in allen unsern Freistunden zur Großmutter, in deren geräumigem Wohnzimmer wir hinlänglich Platz zu unsern Spielen fanden. Sie wußte uns mit allerlei Kleinigkeiten zu beschäftigen, und mit allerlei guten Bissen zu erquicken. An einem Weihnachtsabende jedoch setzte sie allen ihren Wohltaten die Krone auf, indem sie uns ein Puppenspiel vorstellen ließ, und so in dem alten Hause eine neue Welt erschuf. Dieses unerwartete Schauspiel zog die jungen Gemüter mit Gewalt an sich; besonders auf den Knaben machte es einen sehr starken Eindruck, der in eine große langdauernde Wirkung nachklang.

Die kleine Bühne mit ihrem stummen Personal, die man uns anfangs nur vorgezeigt hatte, nachher aber zu eigner Übung und dramatischer Belebung übergab, mußte uns Kindern um so viel werter sein, als es das letzte Vermächtnis unserer guten Großmutter war, die bald darauf durch zunehmende Krankheit unsern Augen erst entzogen, und dann für immer durch den Tod entrissen wurde. Ihr Abscheiden war für die Familie von desto größerer Bedeutung, als es eine völlige Veränderung in dem Zustande derselben nach sich zog.

FA I.14, S. 20

Weimar, 24. Dezember 1812
An T.J. Seebeck

Unsere Tage und Abende sind jetzt sehr stürmisch. Iffland spielt, der heilige Christ soll bescheeren, das neue Jahr bringt alle Glückwünsche in Bewegung; nun treten noch Geburtstäge dazwischen und man weiß kaum, wo man sich hinwenden soll, und also nur noch zu diesem Wechsel der Zeit alles Gute Ihnen und den Ihrigen!

WA IV.23, S. 208

⟨An Charlotte von Stein, 25.12.1815⟩

Daß du zugleich mit dem heilgen Christ
An diesem Tage geboren bist,
Und August auch der werte Schlanke,
Dafür ich Gott im Herzen danke –
Dies gibt in tiefer Winterszeit
Erwünschteste Gelegenheit
Mit einigem Zucker Dich zu grüßen,
Abwesenheit mir zu versüßen,
Der ich, wie sonst, in Sonnenferne,
Im Stillen liebe, leide, lerne.

FA I.2, S. 792

Weihnachten

Bäume leuchtend, Bäume blendend,
Überall das Süße spendend,
In dem Glanze sich bewegend,
Alt und junges Herz erregend –
Solch ein Fest ist uns bescheret,
Mancher Gaben Schmuck verehret;
Staunend schaun wir auf und nieder
Hin und her und immer wieder.

Aber, Fürst, wenn Dir's begegnet
Und ein Abend so Dich segnet
Daß als Lichter, daß als Flammen
Vor Dir glänzten allzusammen
Alles was Du ausgerichtet,
Alle die sich Dir verpflichtet:
Mit erhöhten Geistesblicken
Fühltest herrliches Entzücken.

FA I.2, S. 575 f.

Aus »Wilhelm Meisters Wanderjahre«

Erstes Buch, Erstes Kapitel
Die Flucht nach Ägypten

Im Schatten eines mächtigen Felsen saß Wilhelm an grauser,
bedeutender Stelle, wo sich der steile Gebirgsweg um eine Ecke
herum schnell nach der Tiefe wendete. Die Sonne stand noch

hoch und erleuchtete die Gipfel der Fichten in den Felsengründen zu seinen Füßen. Er bemerkte eben etwas in seine Schreibtafel, als Felix, der umhergeklettert war, mit einem Stein in der Hand zu ihm kam. Wie nennt man diesen Stein, Vater? sagte der Knabe.

Ich weiß nicht, versetzte Wilhelm.

Ist das wohl Gold, was darin so glänzt? sagte jener.

Es ist kein's! versetzte dieser: und ich erinnere mich, daß es die Leute Katzengold nennen.

Katzengold! sagte der Knabe lächelnd: und warum?

Wahrscheinlich weil es falsch ist und man die Katzen auch für falsch hält.

Das will ich mir merken, sagte der Sohn, und steckte den Stein in die lederne Reisetasche, brachte jedoch sogleich etwas anders hervor und fragte: was ist das? Eine Frucht, versetzte der Vater, und nach den Schuppen zu urteilen, sollte sie mit den Tannenzapfen verwandt sein. – Das sieht nicht aus wie ein Zapfen, es ist ja rund. – Wir wollen den Jäger fragen; die kennen den ganzen Wald und alle Früchte, wissen zu säen, zu pflanzen und zu warten, dann lassen sie die Stämme wachsen und groß werden wie sie können. – Die Jäger wissen alles; gestern zeigte mir der Bote, wie ein Hirsch über den Weg gegangen sei, er rief mich zurück und ließ mich die Fährde bemerken, wie er es nannte; ich war darüber weggesprungen, nun aber sah ich deutlich ein Paar Klauen eingedrückt; es mag ein großer Hirsch gewesen sein. – »Ich hörte wohl wie du den Boten ausfragtest.« – Der wußte viel und ist doch kein Jäger. Ich aber will ein Jäger werden. Es ist gar zu schön den ganzen Tag im Walde zu sein und die Vögel zu hören, zu wissen wie sie heißen, wo ihre Nester sind, wie man die Eier aushebt oder die Jungen; wie man sie füttert und wenn man die Alten fängt: das ist gar zu lustig.

Kaum war dieses gesprochen, so zeigte sich den schroffen

Weg herab eine sonderbare Erscheinung. Zwei Knaben, schön wie der Tag, in farbigen Jäckchen, die man eher für aufgebundene Hemdchen gehalten hätte, sprangen einer nach dem andern herunter, und Wilhelm fand Gelegenheit sie näher zu betrachten, als sie vor ihm stutzten und einen Augenblick still hielten. Um des ältesten Haupt bewegten sich reiche blonde Locken, auf welche man zuerst blicken mußte, wenn man ihn sah, und dann zogen seine klarblauen Augen den Blick an sich, der sich mit Gefallen über seine schöne Gestalt verlor. Der zweite, mehr einen Freund als einen Bruder vorstellend, war mit braunen und schlichten Haaren geziert, die ihm über die Schultern herabhingen, und wovon der Widerschein sich in seinen Augen zu spiegeln schien.

Wilhelm hatte nicht Zeit, diese beiden sonderbaren und in der Wildnis ganz unerwarteten Wesen näher zu betrachten, indem er eine männliche Stimme vernahm, welche um die Felsecke herum ernst aber freundlich herabrief: Warum steht ihr stille? versperrt uns den Weg nicht!

Wilhelm sah aufwärts und, hatten ihn die Kinder in Verwunderung gesetzt, so erfüllte ihn das, was ihm jetzt zu Augen kam, mit Erstaunen. Ein derber, tüchtiger, nicht allzugroßer junger Mann, leicht geschürzt, von brauner Haut und schwarzen Haaren, trat kräftig und sorgfältig den Felsweg herab, indem er hinter sich einen Esel führte, der erst sein wohlgenährtes und wohlgeputztes Haupt zeigte, dann aber, die schöne Last, die er trug, sehen ließ. Ein sanftes, liebenswürdiges Weib saß auf einem großen, wohlbeschlagenen Sattel; in einem blauen Mantel, der sie umgab, hielt sie ein Wochenkind, das sie an ihre Brust drückte und mit unbeschreiblicher Lieblichkeit betrachtete. Dem Führer ging's wie den Kindern: er stutzte einen Augenblick, als er Wilhelmen erblickte. Das Tier verzögerte seinen Schritt, aber der Abstieg war zu jäh, die Vorüberziehenden konnten nicht anhalten und Wilhelm sah sie mit Verwunderung hinter der vorstehenden Felswand verschwinden.

Nichts war natürlicher, als daß ihn dieses seltsame Gesicht aus seinen Betrachtungen riß. Neugierig stand er auf und blickte von seiner Stelle nach der Tiefe hin, ob er sie nicht irgend wieder hervorkommen sähe. Und eben war er im Begriff hinabzusteigen und diese sonderbaren Wandrer zu begrüßen, als Felix heraufkam und sagte: »Vater, darf ich nicht mit diesen Kindern in ihr Haus? Sie wollen mich mitnehmen. Du sollst auch mitgehen, hat der Mann zu mir gesagt. Komm! dort unten halten sie.«

»Ich will mit ihnen reden,« versetzte Wilhelm.

Er fand sie auf einer Stelle, wo der Weg weniger abhängig war, und verschlang mit den Augen die wunderlichen Bilder, die seine Aufmerksamkeit so sehr an sich gezogen hatten. Erst jetzt war es ihm möglich, noch einen und den andern besondern Umstand zu bemerken. Der junge rüstige Mann hatte wirklich eine Polieraxt auf der Schulter und ein langes schwankes eisernes Winkelmaß. Die Kinder trugen große Schilfbüschel, als wenn es Palmen wären; und wenn sie von dieser Seite den Engeln glichen, so schleppten sie auch wieder kleine Körbchen mit Eßwaren und glichen dadurch den täglichen Boten, wie sie über das Gebirg hin- und herzugehen pflegen. Auch hatte die Mutter, als er sie näher betrachtete, unter dem blauen Mantel ein rötliches, zartgefärbtes Unterkleid, so daß unser Freund die Flucht nach Ägypten, die er so oft gemalt gesehen, mit Verwunderung hier vor seinen Augen wirklich finden mußte.

Man begrüßte sich, und indem Wilhelm vor Erstaunen und Aufmerksamkeit nicht zu Wort kommen konnte, sagte der junge Mann: »Unsere Kinder haben in diesem Augenblicke schon Freundschaft gemacht. Wollt ihr mit uns, um zu sehen, ob auch zwischen den Erwachsenen ein gutes Verhältnis entstehen könne?«

Wilhelm bedachte sich ein wenig und versetzte dann: »Der Anblick eures kleinen Familienzuges erregt Vertrauen und Neigung, und, daß ich's nur gleich gestehe, eben sowohl Neugierde und ein lebhaftes Verlangen euch näher kennen zu lernen. Denn im ersten Augenblicke möchte man bei sich die Frage aufwerfen: ob ihr wirkliche Wanderer oder ob ihr nur Geister seid, die sich ein Vergnügen daraus machen, dieses unwirtbare Gebirg durch angenehme Erscheinungen zu beleben.«

»So kommt mit in unsere Wohnung,« sagte jener. »Kommt mit!« riefen die Kinder, indem sie den Felix schon mit sich fortzogen. »Kommt mit!« sagte die Frau, indem sie ihre liebenswürdige Freundlichkeit von dem Säugling ab auf den Fremdling wendete.

Ohne sich zu bedenken, sagte Wilhelm: »Es tut mir Leid, daß ich euch nicht sogleich folgen kann. Wenigstens diese Nacht noch muß ich oben auf dem Grenzhause zubringen. Mein Mantelsack, meine Papiere, alles liegt noch oben, ungepackt und unbesorgt. Damit ich aber Wunsch und Willen beweise, eurer freundlichen Einladung genug zu tun, so gebe ich euch meinen Felix zum Pfande mit. Morgen bin ich bei euch. Wie weit ist's hin?«

»Vor Sonnenuntergang erreichen wir noch unsere Wohnung,« sagte der Zimmermann, »und von dem Grenzhause habt ihr nur noch anderthalb Stunden. Euer Knabe vermehrt unsern Haushalt für diese Nacht; morgen erwarten wir euch.«

Der Mann und das Tier setzten sich in Bewegung. Wilhelm sah seinen Felix mit Behagen in so guter Gesellschaft, er konnte ihn mit den lieben Engelein vergleichen, gegen die er kräftig abstach. Für seine Jahre war er nicht groß, aber stämmig, von breiter Brust und kräftigen Schultern; in seiner Natur war ein eigenes Gemisch von Herrschen und Dienen; er hatte schon einen Palmzweig und ein Körbchen ergriffen, womit er beides auszusprechen schien. Schon drohte der Zug abermals um eine Felswand zu verschwinden, als sich Wilhelm zusammennahm und nachrief: »Wie soll ich euch aber erfragen?«

»Fragt nur nach Sankt Joseph!« erscholl es aus der Tiefe, und die ganze Erscheinung war hinter den blauen Schattenwänden verschwunden. Ein frommer mehrstimmiger Gesang tönte verhallend aus der Ferne, und Wilhelm glaubte die Stimme seines Felix zu unterscheiden.

Er stieg aufwärts und verspätete sich dadurch den Sonnenuntergang. Das himmlische Gestirn, das er mehr denn einmal verloren hatte, erleuchtete ihn wieder, als er höher trat, und noch war es Tag, als er an seiner Herberge anlangte. Nochmals erfreute er sich der großen Gebirgsansicht, und zog sich sodann auf sein Zimmer zurück, wo er sogleich die Feder ergriff und einen Teil der Nacht mit Schreiben zubrachte.

Wilhelm an Natalien

Nun ist endlich die Höhe erreicht, die Höhe des Gebirgs, das eine mächtigere Trennung zwischen uns setzen wird, als der ganze Landraum bisher. Für mein Gefühl ist man noch immer in der Nähe seiner Lieben, so lange die Ströme von uns zu ihnen laufen. Heute kann ich mir noch einbilden, der Zweig, den ich in den Waldbach werfe, könnte füglich zu Ihr hinabschwimmen, könnte in wenigen Tagen vor Ihrem Garten landen; und so sendet unser Geist seine Bilder, das Herz seine Gefühle bequemer abwärts. Aber drüben, fürchte ich, stellt sich eine Scheidewand der Einbildungskraft und der Empfindung entgegen. Doch ist das vielleicht nur eine voreilige Besorglichkeit: denn es wird wohl auch drüben nicht anders sein als hier. Was könnte mich von dir scheiden! von dir, der ich auf ewig geeignet bin, wenn gleich ein wundersames Geschick mich von dir trennt und mir den Himmel, dem ich so nahe stand, unerwartet zuschließt. Ich hatte Zeit mich zu fassen, und doch hätte keine Zeit hingereicht, mir diese Fassung zu geben, hätte ich sie nicht aus deinem Munde gewonnen, von deinen Lippen in jenem entscheidenden Moment. Wie hätte ich mich losreißen können, wenn der dauerhafte Faden nicht gesponnen wäre, der uns für die Zeit und für die Ewigkeit verbinden soll. Doch ich darf ja von allem dem nicht reden. Deine zarten Gebote will ich nicht übertreten; auf diesem Gipfel sei es das letztemal, daß ich das Wort Trennung vor dir ausspreche. Mein Leben soll eine Wanderschaft werden. Sonderbare Pflichten des Wanderers habe ich auszuüben und ganz eigene Prüfungen zu bestehen. Wie lächle ich manchmal, wenn ich die Bedingungen durchlese, die mir der Verein, die ich mir selbst vorschrieb! Manches wird gehalten, manches übertreten; aber selbst bei der Übertretung dient mir dies Blatt, dieses Zeugnis von meiner letzten Beichte, meiner letzten Absolution, statt eines gebietenden Gewissens, und ich lenke wieder ein. Ich hüte mich, und meine Fehler stürzen sich nicht mehr wie Gebirgswasser einer über den andern.

Doch will ich dir gern gestehen, daß ich oft diejenigen Lehrer und Menschenführer bewundere, die ihren Schülern nur äußere, mechanische Pflichten auflegen. Sie machen sich's und der Welt leicht. Denn gerade diesen Teil meiner Verbindlichkeiten, der mir erst der beschwerlichste, der wunderlichste schien, diesen beobachte ich am bequemsten, am liebsten.

Nicht über drei Tage soll ich unter Einem Dache bleiben. Keine Herberge soll ich verlassen, ohne daß ich mich wenigstens eine Meile von ihr entferne. Diese Gebote sind wahrhaft geeignet, meine Jahre zu Wanderjahren zu machen und zu verhindern, daß auch nicht die geringste Versuchung des Ansiedelns bei mir sich finde. Dieser Bedingung habe ich mich bisher genau unterworfen, ja mich der gegebenen Erlaubnis nicht einmal bedient. Hier ist eigentlich das erstemal, daß ich still halte, das erstemal, daß ich die dritte Nacht in demselben Bette schlafe. Von hier sende ich dir manches bisher Vernommene, Beobachtete, Gesparte, und dann geht es morgen früh auf der andern Seite hinab, fürerst zu einer wunderbaren Familie, zu einer heiligen Familie möchte ich wohl sagen, von der du in meinem Tagebuche mehr finden wirst. Jetzt lebe wohl und lege dieses Blatt mit dem Gefühl aus der Hand, daß es nur Eins zu sagen habe, nur Eines sagen und immer wiederholen möchte, aber es nicht sagen, nicht wiederholen will, bis ich das Glück habe wieder zu deinen Füßen zu liegen und auf deinen Händen mich über alle das Entbehren auszuweinen.

Morgens.

Es ist eingepackt. Der Bote schnürt den Mantelsack auf das Reff. Noch ist die Sonne nicht aufgegangen, die Nebel dampfen aus allen Gründen; aber der obere Himmel ist heiter. Wir steigen in die düstere Tiefe hinab, die sich auch bald über unserm Haupte erhellen wird. Laß mich mein letztes Ach zu dir hinübersenden! Laß meinen letzten Blick zu dir sich noch mit einer unwillkürlichen Träne füllen! Ich bin entschieden und entschlossen. Du sollst keine Klagen mehr von mir hören; du sollst nur hören, was dem Wanderer begegnet. Und doch kreuzen sich, indem ich schließen will, nochmals tausend Gedanken, Wünsche, Hoffnungen und Vorsätze. Glücklicherweise treibt man mich hinweg. Der Bote ruft und der Wirt räumt schon wieder auf in meiner Gegenwart, eben als wenn ich hinweg wäre, wie gefühllose unvorsichtige Erben vor dem Abscheidenden die Anstalten, sich in Besitz zu setzen, nicht verbergen.

Zweites Kapitel
Sankt Joseph der Zweite

Schon hatte der Wanderer, seinem Boten auf dem Fuße folgend, steile Felsen hinter und über sich gelassen, schon durchstrichen sie ein sanfteres Mittelgebirg und eilten durch manchen wohlbestandnen Wald, durch manchen freundlichen Wiesengrund, immer vorwärts, bis sie sich endlich an einem Abhange befanden, und in ein sorgfältig bebautes, von Hügeln rings umschlossenes Tal hinabschauten. Ein großes, halb in Trümmern liegendes, halb wohlerhaltenes Klostergebäude zog sogleich die Aufmerksamkeit an sich. »Dies ist Sankt Joseph,« sagte der Bote: »Jammerschade für die schöne Kirche! Seht nur, wie ihre Säulen und Pfeiler durch Gebüsch und Bäume noch so wohl erhalten durchsehen, ob sie gleich schon viele hundert Jahre in Schutt liegt.«

»Die Klostergebäude hingegen,« versetzte Wilhelm, »sehe ich, sind noch wohl erhalten.« »Ja,« sagte der andere, »es wohnt ein Schaffner daselbst, der die Wirtschaft besorgt, die Zinsen und Zehnten einnimmt, welche man weit und breit hieher zu zahlen hat.«

Unter diesen Worten waren sie durch das offene Tor in den geräumigen Hof gelangt, der, von ernsthaften, wohlerhaltenen Gebäuden umgeben, sich als Aufenthalt einer ruhigen Sammlung ankündigte. Seinen Felix mit den Engeln von gestern sah er sogleich beschäftigt um einen Tragkorb, den eine rüstige Frau vor sich gestellt hatte; sie waren im Begriff Kirschen zu handeln; eigentlich aber feilschte Felix, der immer etwas Geld bei sich führte. Nun machte er sogleich als Gast den Wirt, spendete reichliche Früchte an seine Gespielen, selbst dem Vater war die Erquickung angenehm mitten in diesen unfruchtbaren Mooswäldern, wo die farbigen glänzenden Früchte noch einmal so schön erschienen. Sie trage solche weit herauf aus einem großen Garten, bemerkte die Verkäuferin, um den Preis annehmlich zu machen, der den Käufern etwas zu hoch geschienen hatte. Der Vater werde bald zurückkommen, sagten die Kinder, er solle nur einstweilen in den Saal gehen und dort ausruhen.

Wie verwundert war jedoch Wilhelm, als die Kinder ihn zu dem Raume führten, den sie den Saal nannten. Gleich aus dem Hofe ging es zu einer großen Tür hinein, und unser Wanderer fand sich in einer sehr reinlichen, wohlerhaltenen Kapelle, die aber, wie er wohl sah, zum häuslichen Gebrauch des täglichen Lebens eingerichtet war. An der einen Seite stand ein Tisch, ein Sessel, mehrere Stühle und Bänke, an der andern Seite ein wohlgeschnitztes Gerüst mit bunter Töpferware, Krügen und Gläsern. Es fehlte nicht an einigen Truhen und Kisten und, so ordentlich alles war, doch nicht an dem Einladenden des häuslichen, täglichen Lebens. Das Licht fiel von hohen Fenstern an der Seite herein. Was aber die Aufmerksamkeit des Wanderers am meisten erregte, waren farbige, auf die Wand gemalte Bilder, die unter den Fenstern in ziemlicher Höhe, wie Teppiche, um drei Teile der Kapelle herumreichten und bis auf ein Getäfel herabgingen, das die übrige Wand bis zur Erde bedeckte. Die Gemälde stellten die Geschichte des heiligen Joseph vor. Hier sah man ihn mit seiner Zimmerarbeit beschäftigt; hier begegnete er Marien, und eine Lilie sproßte zwischen beiden aus dem Boden, indem einige Engel sie lauschend umschwebten. Hier wird er getraut; es folgt der englische Gruß. Hier sitzt er mißmutig zwischen angefangener Arbeit, läßt die Axt ruhen und sinnt darauf, seine Gattin zu verlassen. Zunächst erscheint ihm aber der Engel im Traum, und seine Lage ändert sich. Mit Andacht betrachtet er das neugeborne Kind im Stalle zu Bethlehem und betet es an. Bald darauf folgt ein wundersam schönes Bild.

Man sieht mancherlei Holz gezimmert; eben soll es zusammengesetzt werden, und zufälliger Weise bilden ein paar Stükke ein Kreuz. Das Kind ist auf dem Kreuze eingeschlafen, die Mutter sitzt daneben und betrachtet es mit inniger Liebe, und der Pflegvater hält mit der Arbeit inne, um den Schlaf nicht zu stören. Gleich darauf folgt die Flucht nach Ägypten. Sie erregte bei dem beschauenden Wanderer ein Lächeln, indem er die Wiederholung des gestrigen lebendigen Bildes hier an der Wand sah.

Nicht lange war er seinen Betrachtungen überlassen, so trat der Wirt herein, den er sogleich als den Führer der heiligen Karawane wieder erkannte. Sie begrüßten sich auf's herzlichste, mancherlei Gespräche folgten; doch Wilhelms Aufmerksamkeit blieb auf die Gemälde gerichtet. Der Wirt merkte das Interesse seines Gastes und fing lächelnd an: »Gewiß, ihr bewundert die Übereinstimmung dieses Gebäudes mit seinen Bewohnern, die ihr gestern kennen lerntet. Sie ist aber vielleicht noch sonderbarer, als man vermuten sollte: das Gebäude hat eigentlich die Bewohner gemacht. Denn wenn das Leblose lebendig ist, so kann es auch wohl Lebendiges hervorbringen.«

»O ja!« versetzte Wilhelm: »Es sollte mich wundern, wenn der Geist, der vor Jahrhunderten in dieser Bergöde so gewaltig wirkte und einen so mächtigen Körper von Gebäuden, Besitzungen und Rechten an sich zog, und dafür mannigfaltige Bildung in der Gegend verbreitete, es sollte mich wundern, wenn er nicht auch aus diesen Trümmern noch seine Lebenskraft auf ein lebendiges Wesen ausübte. Laßt uns jedoch nicht im Allgemeinen verharren, macht mich mit eurer Geschichte bekannt, damit ich erfahre, wie es möglich war, daß ohne Spielerei und Anmaßung die Vergangenheit sich wieder in euch darstellt, und das was vorüberging, abermals herantritt.«

Eben als Wilhelm belehrende Antwort von den Lippen seines

Wirtes erwartete, rief eine freundliche Stimme im Hofe den Namen Joseph. Der Wirt hörte darauf und ging nach der Tür.

Also heißt er auch Joseph! sagte Wilhelm zu sich selbst. Das ist doch sonderbar genug und doch eben nicht so sonderbar, als daß er seinen Heiligen im Leben darstellt. Er blickte zu gleicher Zeit nach der Türe, und sah die Mutter Gottes von gestern mit dem Manne sprechen. Sie trennten sich endlich: die Frau ging nach der gegenüberstehenden Wohnung: »Marie!« rief er ihr nach: »nur noch ein Wort!« »Also heißt sie auch Marie!« dachte Wilhelm; »es fehlt nicht viel, so fühle ich mich achtzehnhundert Jahre zurückversetzt.« Er dachte sich das ernsthaft eingeschlossene Tal, in dem er sich befand, die Trümmer und die Stille, und eine wundersam altertümliche Stimmung überfiel ihn. Es war Zeit, daß der Wirt und die Kinder hereintraten. Die letztern forderten Wilhelm zu einem Spaziergange auf, indes der Wirt noch einigen Geschäften vorstehen wollte. Nun ging es durch die Ruinen des säulenreichen Kirchengebäudes, dessen hohe Giebel und Wände sich in Wind und Wetter zu befestigen schienen, indessen sich starke Bäume von Alters her auf den breiten Mauerrücken eingewurzelt hatten, und in Gesellschaft von mancherlei Gras, Blumen und Moos kühn in der Luft hängende Gärten vorstellten. Sanfte Wiesenpfade führten einen lebhaften Bach hinan, und von einiger Höhe konnte der Wanderer nun das Gebäude nebst seiner Lage mit so mehr Interesse überschauen, als ihm dessen Bewohner immer merkwürdiger geworden, und durch die Harmonie mit ihrer Umgebung seine lebhafteste Neugier erregt hatten.

Man kehrte zurück, und fand in dem frommen Saal einen Tisch gedeckt. Oben an stand ein Lehnsessel, in den sich die Hausfrau niederließ. Neben sich hatte sie einen hohen Korb stehen, in welchem das kleine Kind lag; den Vater sodann zur linken Hand und Wilhelm zur rechten. Die drei Kinder besetzten den untern Raum des Tisches. Eine alte Magd brachte ein wohlzubereitetes Essen. Speise- und Trinkgeschirr deuteten gleichfalls auf vergangene Zeit. Die Kinder gaben Anlaß zur Unterhaltung, indessen Wilhelm die Gestalt und das Betragen seiner heiligen Wirtin nicht genugsam beobachten konnte.

Nach Tische zerstreute sich die Gesellschaft; der Wirt führte seinen Gast an eine schattige Stelle der Ruine, wo man von einem erhöhten Platze die angenehme Aussicht das Tal hinab vollkommen vor sich hatte, und die Berghöhen des untern Landes mit ihren fruchtbaren Abhängen und waldigen Rücken hintereinander hinausgeschoben sah. »Es ist billig,« sagte der Wirt, »daß ich Ihre Neugierde befriedige, um so mehr als ich an Ihnen fühle, daß Sie im Stande sind, auch das Wunderliche ernsthaft zu nehmen, wenn es auf einem ernsten Grunde beruht. Diese geistliche Anstalt, von der Sie noch die Reste sehen, war der heiligen Familie gewidmet, und vor Alters als Wallfahrt wegen mancher Wunder berühmt. Die Kirche war der Mutter und dem Sohne geweiht. Sie ist schon seit mehreren Jahrhunderten zerstört. Die Kapelle, dem heiligen Pflegevater gewidmet, hat sich erhalten, so auch der brauchbare Teil der Klostergebäude. Die Einkünfte bezieht schon seit geraumen Jahren ein weltlicher Fürst, der seinen Schaffner hier oben hält, und der bin ich, Sohn des vorigen Schaffners, der gleichfalls seinem Vater in dieser Stelle nachfolgte.

Der heilige Joseph, obgleich jede kirchliche Verehrung hier oben lange aufgehört hatte, war gegen unsere Familie so wohltätig gewesen, daß man sich nicht verwundern darf, wenn man sich besonders gut gegen ihn gesinnt fühlte; und daher kam es, daß man mich in der Taufe Joseph nannte und dadurch gewissermaßen meine Lebensweise bestimmte. Ich wuchs heran, und wenn ich mich zu meinem Vater gesellte, indem er die Einnahmen besorgte, so schloß ich mich eben so gern, ja noch lieber, an meine Mutter an, welche nach Vermögen gern ausspendete und durch ihren guten Willen und durch ihre Wohltaten im ganzen Gebirge bekannt und geliebt war. Sie schickte mich bald da, bald dorthin, bald zu bringen, bald zu bestellen, bald zu besorgen, und ich fand mich sehr leicht in diese Art von frommem Gewerbe.

Überhaupt hat das Gebirgsleben etwas menschlicheres als das Leben auf dem flachen Lande. Die Bewohner sind einander näher; wenn man will, auch ferner; die Bedürfnisse geringer, aber dringender. Der Mensch ist mehr auf sich gestellt, seinen Händen, seinen Füßen muß er vertrauen lernen. Der Arbeiter, der Bote, der Lastträger, alle vereinigen sich in Einer Person; auch steht jeder dem andern näher, begegnet ihm öfter und lebt mit ihm in einem gemeinsamen Treiben.

Da ich noch jung war und meine Schultern nicht viel zu schleppen vermochten, fiel ich darauf, einen kleinen Esel mit Körben zu versehen und vor mir her die steilen Fußpfade hinauf und hinabzutreiben. Der Esel ist im Gebirg kein so verächtlich Tier als im flachen Lande, wo der Knecht, der mit Pferden pflügt, sich für besser hält als den andern, der den Acker mit Ochsen umreißt. Und ich ging um so mehr ohne Bedenken hinter meinem Tier her, als ich in der Kapelle früh bemerkt hatte, daß es zu der Ehre gelangt war, Gott und seine Mutter zu tragen. Doch war diese Kapelle damals nicht in dem Zustande, in welchem sie sich gegenwärtig befindet. Sie ward als ein Schuppen, ja fast wie ein Stall behandelt. Brennholz, Stangen, Gerätschaften, Tonnen und Leitern, und was man nur wollte, war übereinander geschoben. Glücklicherweise daß die Gemälde so hoch stehen und die Täfelung etwas aushält. Aber schon als Kind erfreute ich mich besonders über alles das Gehölz hin und her zu klettern, und die Bilder zu betrachten, die mir niemand recht auslegen konnte. Genug, ich wußte, daß der Heilige, dessen Leben oben gezeichnet war, mein Pate sei, und ich erfreute mich an ihm, als ob er mein Onkel gewesen wäre. Ich wuchs heran, und weil es eine besondere Bedingung war, daß der, welcher an das einträgliche Schaffneramt Anspruch machen wollte, ein Handwerk ausüben mußte, so sollte ich, dem Willen meiner Eltern gemäß, welche wünschten, daß künftig diese gute Pfründe auf mich erben möchte, ein Handwerk lernen, und zwar ein solches, das zugleich hier oben in der Wirtschaft nützlich wäre.

Mein Vater war Bötticher und schaffte alles, was von dieser Arbeit nötig war, selbst, woraus ihm und dem Ganzen großer Vorteil erwuchs. Allein ich konnte mich nicht entschließen, ihm darin nachzufolgen. Mein Verlangen zog mich unwiderstehlich nach dem Zimmerhandwerke, wovon ich das Arbeitszeug so umständlich und genau, von Jugend auf, neben meinem Heiligen gemalt gesehen. Ich erklärte meinen Wunsch; man war mir nicht entgegen, um so weniger als bei so mancherlei Baulichkeiten der Zimmermann oft von uns in Anspruch genommen ward, ja, bei einigem Geschick und Liebe zu feinerer Arbeit, besonders in Waldgegenden, die Tischler- und sogar die Schnitzerkünste ganz nahe liegen. Und was mich noch mehr in meinen höhern Aussichten bestärkte, war jenes Gemälde, das leider nunmehr fast ganz verloschen ist. Sobald Sie wissen, was es vorstellen soll, so werden Sie sich's entziffern können, wenn ich Sie nachher davor führe. Dem heiligen Joseph war nichts geringeres aufgetragen, als einen Thron für den König Herodes zu machen. Zwischen zwei gegebenen Säulen soll der Prachtsitz aufgeführt werden. Joseph nimmt sorgfältig das Maß von Breite und Höhe und arbeitet einen köstlichen Königsthron. Aber wie erstaunt ist er, wie verlegen, als er den Prachtsessel herbeischafft: er findet sich zu hoch und nicht breit genug. Mit König Herodes war, wie bekannt, nicht zu spaßen; der fromme Zimmermeister ist in der größten Verlegenheit. Das Christkind,

gewohnt ihn überall hin zu begleiten, ihm in kindlich demü-
tigem Spiel die Werkzeuge nachzutragen, bemerkt seine Not
und ist gleich mit Rat und Tat bei der Hand. Das Wunderkind
verlangt vom Pflegevater: er solle den Thron an der einen Seite
fassen; es greift in die andere Seite des Schnitzwerks und beide
fangen an zu ziehen. Sehr leicht und bequem, als wär' er von
Leder, zieht sich der Thron in die Breite, verliert verhältnismä-
ßig an der Höhe und paßt ganz vortrefflich an Ort und Stelle,
zum größten Troste des beruhigten Meisters und zur vollkom-
menen Zufriedenheit des Königs.

Jener Thron war in meiner Jugend noch recht gut zu sehen,
und an den Resten der einen Seite werden Sie bemerken können, daß am Schnitzwerk nichts gespart war, das freilich dem
Maler leichter fallen mußte, als es dem Zimmermann gewesen
wäre, wenn man es von ihm verlangt hätte.

Hieraus zog ich aber keine Bedenklichkeit, sondern ich erblickte das Handwerk, dem ich mich gewidmet hatte, in einem
so ehrenvollen Lichte, daß ich nicht erwarten konnte, bis man
mich in die Lehre tat; welches um so leichter auszuführen war,
als in der Nachbarschaft ein Meister wohnte, der für die ganze
Gegend arbeitete und mehrere Gesellen und Lehrbursche beschäftigen konnte. Ich blieb also in der Nähe meiner Eltern
und setzte gewissermaßen mein voriges Leben fort, indem ich
Feierstunden und Feiertage zu den wohltätigen Botschaften,
die mir meine Mutter aufzutragen fortfuhr, verwendete.«

Die Heimsuchung

»So vergingen einige Jahre,« fuhr der Erzähler fort; »ich begriff die Vorteile des Handwerks sehr bald, und mein Körper,
durch Arbeit ausgebildet, war im Stande alles zu übernehmen
was dabei gefordert wurde. Nebenher versah ich meinen alten

Dienst, den ich der guten Mutter, oder vielmehr Kranken und Notdürftigen leistete. Ich zog mit meinem Tier durch's Gebirg, verteilte die Ladung pünktlich und nahm von Krämern und Kaufleuten rückwärts mit was uns hier oben fehlte. Mein Meister war zufrieden mit mir und meine Eltern auch. Schon hatte ich das Vergnügen auf meinen Wanderungen manches Haus zu sehen, das ich mit aufgeführt, das ich verziert hatte. Denn besonders dieses letzte Einkerben der Balken, dieses Einschneiden von gewissen einfachen Formen, dieses Einbrennen zierender Figuren, dieses Rotmalen einiger Vertiefungen, wodurch ein hölzernes Berghaus den so lustigen Anblick gewährt, solche Künste waren mir besonders übertragen, weil ich mich am besten aus der Sache zog, der ich immer den Thron Herodes' und seine Zierraten im Sinne hatte.

Unter den hülfsbedürftigen Personen, für die meine Mutter eine vorzügliche Sorge trug, standen besonders junge Frauen oben an, die sich guter Hoffnung befanden, wie ich nach und nach wohl bemerken konnte, ob man schon in solchen Fällen die Botschaften gegen mich geheimnisvoll zu behandeln pflegte. Ich hatte dabei niemals einen unmittelbaren Auftrag, sondern alles ging durch ein gutes Weib, welche nicht fern das Tal hinab wohnte und Frau Elisabeth genannt wurde. Meine Mutter, selbst in der Kunst erfahren, die so manchen gleich bei'm Eintritt in das Leben zum Leben rettet, stand mit Frau Elisabeth in fortdauernd gutem Vernehmen, und ich mußte oft von allen Seiten hören, daß mancher unserer rüstigen Bergbewohner diesen beiden Frauen sein Dasein zu danken habe. Das Geheimnis, womit mich Elisabeth jederzeit empfing, die bündigen Antworten auf meine rätselhaften Fragen, die ich selbst nicht verstand, erregten mir sonderbare Ehrfurcht für sie, und ihr Haus, das höchst reinlich war, schien mir eine Art von kleinem Heiligtume vorzustellen.

Indessen hatte ich durch meine Kenntnisse und Handwerks-tätigkeit in der Familie ziemlichen Einfluß gewonnen. Wie mein Vater als Bötticher für den Keller gesorgt hatte, so sorgte ich nun für Dach und Fach, und verbesserte manchen schad-haften Teil der alten Gebäude. Besonders wußte ich einige ver-fallene Scheuern und Remisen für den häuslichen Gebrauch wieder nutzbar zu machen; und kaum war dieses geschehen, als ich meine geliebte Kapelle zu räumen und zu reinigen anfing. In wenigen Tagen war sie in Ordnung, fast wie Ihr sie sehet; wobei ich mich bemühte die fehlenden oder beschädigten Teile des Täfelwerks dem Ganzen gleich wieder herzustellen. Auch soll-tet Ihr diese Flügeltüren des Eingangs wohl für alt genug halten; sie sind aber von meiner Arbeit. Ich habe mehrere Jahre zuge-bracht, sie in ruhigen Stunden zu schnitzen, nachdem ich sie vorher aus starken eichenen Bohlen im Ganzen tüchtig zusam-men gefügt hatte. Was bis zu dieser Zeit von Gemälden nicht beschädigt oder verloschen war, hat sich auch noch erhalten und ich half dem Glasmeister bei einem neuen Bau, mit der Bedin-gung, daß er bunte Fenster herstellte.

Hatten jene Bilder und die Gedanken an das Leben des Heiligen meine Einbildungskraft beschäftigt, so drückte sich das alles nur viel lebhafter bei mir ein, als ich den Raum wieder für ein Heiligtum ansehen, darin, besonders zur Sommerzeit, verweilen, und über das was ich sah oder vermutete, mit Muße nachdenken konnte. Es lag eine unwiderstehliche Neigung in mir diesem Heiligen nachzufolgen; und da sich ähnliche Be-gebenheiten nicht leicht herbeirufen ließen, so wollte ich we-nigstens von unten auf anfangen, ihm zu gleichen: wie ich denn wirklich durch den Gebrauch des lastbaren Tiers schon lange begonnen hatte. Das kleine Geschöpf, dessen ich mich bisher bediente, wollte mir nicht mehr genügen; ich suchte mir einen viel stattlichern Träger aus, sorgte für einen wohlgebauten Sattel der zum Reiten wie zum Packen gleich bequem war. Ein paar neue Körbe wurden angeschafft, und ein Netz von bunten Schnüren, Flocken und Quasten, mit klingenden Metallstiften untermischt, zierte den Hals des langohrigen Geschöpfs, das sich nun bald neben seinem Musterbilde an der Wand zeigen durfte. Niemanden fiel ein über mich zu spotten, wenn ich in diesem Aufzuge durch's Gebirge kam: denn man erlaubt ja gern der Wohltätigkeit eine wunderliche Außenseite.

Indessen hatte sich der Krieg, oder vielmehr die Folge desselben, unserer Gegend genähert, indem verschiedenemal gefährliche Rotten von verlaufenem Gesindel sich versammelten und hie und da manche Gewalttätigkeit, manchen Mutwillen ausübten. Durch die gute Anstalt der Landmiliz, durch Streifungen und augenblickliche Wachsamkeit wurde dem Übel zwar bald gesteuert; doch verfiel man zu geschwind wieder in Sorglosigkeit, und ehe man sich's versah brachen wieder neue Übeltaten hervor.

Lange war es in unserer Gegend still gewesen, und ich zog mit meinem Saumrosse ruhig die gewohnten Pfade, bis ich eines Tages über die frischbesäte Waldblöße kam und an dem Rande des Hegegrabens eine weibliche Gestalt sitzend, oder vielmehr liegend, fand. Sie schien zu schlafen oder ohnmächtig zu sein. Ich bemühte mich um sie, und als sie ihre schönen Augen aufschlug und sich in die Höhe richtete, rief sie mit Lebhaftigkeit aus: »Wo ist er? Habt ihr ihn gesehen?« Ich fragte: »wen?« Sie versetzte: »meinen Mann!« Bei ihrem höchst jugendlichen Ansehen war mir diese Antwort unerwartet; doch fuhr ich nur um desto lieber fort ihr beizustehen und sie meiner Teilnahme zu versichern. Ich vernahm, daß die beiden Reisenden sich wegen der beschwerlichen Fuhrwege von ihrem Wagen entfernt gehabt, um einen nähern Fußweg einzuschlagen. In der Nähe seien sie von Bewaffneten überfallen worden, ihr

Mann habe sich fechtend entfernt, sie habe ihm nicht weit folgen können und sei an dieser Stelle liegen geblieben, sie wisse nicht wie lange. Sie bitte mich inständig sie zu verlassen und ihrem Manne nachzueilen. Sie richtete sich auf ihre Füße, und die schönste liebenswürdigste Gestalt stand vor mir; doch konnte ich leicht bemerken, daß sie sich in einem Zustande befinde, in welchem sie die Beihülfe meiner Mutter und der Frau Elisabeth wohl bald bedürfen möchte. Wir stritten uns eine Weile: denn ich verlangte sie erst in Sicherheit zu bringen; sie verlangte zuerst Nachricht von ihrem Manne. Sie wollte sich von seiner Spur nicht entfernen, und alle meine Vorstellungen hätten vielleicht nicht gefruchtet, wenn nicht eben ein Kommando unserer Miliz, welche durch die Nachricht von neuen Übeltaten rege geworden war, sich durch den Wald her bewegt hätte. Diese wurden unterrichtet, mit ihnen das Nötige verabredet, der Ort des Zusammentreffens bestimmt und so für diesmal die Sache geschlichtet. Geschwind versteckte ich meine Körbe in eine benachbarte Höhle, die mir schon öfters zur Niederlage gedient hatte, richtete meinen Sattel zum bequemen Sitz und hob, nicht ohne eine sonderbare Empfindung, die schöne Last auf mein williges Tier, das die gewohnten Pfade sogleich von selbst zu finden wußte und mir Gelegenheit gab nebenher zu gehen.

Ihr denkt, ohne daß ich es weitläufig beschreibe, wie wunderlich mir zu Mute war. Was ich so lange gesucht, hatte ich wirklich gefunden. Es war mir als wenn ich träumte, und dann gleich wieder als ob ich aus einem Traume erwachte. Diese himmlische Gestalt, wie ich sie gleichsam in der Luft schweben und vor den grünen Bäumen sich her bewegen sah, kam mir jetzt wie ein Traum vor, der durch jene Bilder in der Kapelle sich in meiner Seele erzeugte. Bald schienen mir jene Bilder nur Träume gewesen zu sein, die sich hier in eine schöne Wirklichkeit auflös'ten. Ich fragte sie manches, sie antwortete mir sanft und gefällig, wie es einer anständig Betrübten ziemt. Oft bat sie mich, wenn wir auf eine entblößte Höhe kamen, stille zu halten, mich umzusehen, zu horchen. Sie bat mich mit solcher Anmut, mit einem solchen tiefwünschenden Blick unter ihren langen schwarzen Augenwimpern hervor, daß ich alles tun mußte was nur möglich war; ja, ich erkletterte eine freistehende, hohe, astlose Fichte. Nie war mir dieses Kunststück meines Handwerks willkommener gewesen; nie hatte ich mit mehr Zufriedenheit von ähnlichen Gipfeln, bei Festen und Jahrmärkten, Bänder und seidene Tücher heruntergeholt. Doch kam ich diesesmal leider ohne Ausbeute; auch oben sah und hörte ich nichts. Endlich rief sie selbst mir herabzukommen und winkte gar lebhaft mit der Hand; ja, als ich endlich bei'm Herabgleiten mich in ziemlicher Höhe losließ und heruntersprang, tat sie einen Schrei, und eine süße Freundlichkeit verbreitete sich über ihr Gesicht, da sie mich unbeschädigt vor sich sah.

Was soll ich Euch lange von den hundert Aufmerksamkeiten unterhalten, womit ich ihr den ganzen Weg über angenehm zu werden, sie zu zerstreuen suchte. Und wie könnte ich es auch! denn das ist eben die Eigenschaft der wahren Aufmerksamkeit, daß sie im Augenblick das Nichts zu Allem macht. Für mein Gefühl waren die Blumen, die ich ihr brach, die fernen Gegenden, die ich ihr zeigte, die Berge, die Wälder, die ich ihr nannte, so viel kostbare Schätze, die ich ihr zuzueignen dachte, um mich mit ihr in Verhältnis zu setzen, wie man es durch Geschenke zu tun sucht.

Schon hatte sie mich für das ganze Leben gewonnen, als wir in dem Orte vor der Türe jener guten Frau anlangten und ich schon eine schmerzliche Trennung vor mir sah. Nochmals durchlief ich ihre ganze Gestalt, und als meine Augen an den Fuß herabkamen, bückte ich mich, als wenn ich etwas am Gurte zu tun hätte, und küßte den niedlichsten Schuh, den ich in meinem Leben gesehen hatte, doch ohne daß sie es merkte. Ich half ihr herunter, sprang die Stufen hinauf und rief in die Haustüre: Frau Elisabeth, Ihr werdet heimgesucht! Die Gute trat hervor und ich sah ihr über die Schultern zum Hause hinaus, wie das schöne Wesen die Stufen heraufstieg, mit anmutiger Trauer und innerlichem schmerzlichem Selbstgefühl, dann meine würdige Alte freundlich umarmte, und sich von ihr in das bessere Zimmer leiten ließ. Sie schlossen sich ein und ich stand bei meinem Esel vor der Tür, wie einer der kostbare Waren abgeladen hat und wieder ein eben so armer Treiber ist als vorher.«

Der Lilienstengel

»Ich zauderte noch mich zu entfernen, denn ich war unschlüssig was ich tun sollte, als Frau Elisabeth unter die Türe trat und mich ersuchte meine Mutter zu ihr zu berufen, alsdann umherzugehen und wo möglich von dem Manne Nachricht zu geben. Marie läßt euch gar sehr darum ersuchen, sagte sie. Kann ich sie nicht noch einmal selbst sprechen? versetzte ich. Das geht nicht an, sagte Frau Elisabeth, und wir trennten uns. In kurzer Zeit erreichte ich unsere Wohnung; meine Mutter war bereit noch diesen Abend hinabzugehen und der jungen Fremden hülfreich zu sein. Ich eilte nach dem Lande hinunter und hoffte bei dem Amtmann die sichersten Nachrichten zu erhalten. Allein er war noch selbst in Ungewißheit, und weil er mich kannte, hieß er mich die Nacht bei ihm verweilen. Sie ward mir unendlich lang und immer hatte ich die schöne Gestalt vor Augen, wie sie auf dem Tiere schwankte und so schmerzhaft freundlich zu mir heruntersah. Jeden Augenblick hofft' ich auf Nachricht. Ich gönnte und wünschte dem guten Ehemann das Leben, und doch mochte ich sie mir so gern als Witwe denken. Das streifende Kommando fand sich nach und nach zusammen und nach mancherlei abwechselnden Gerüchten zeigte sich endlich die Gewißheit, daß der Wagen gerettet, der unglückliche Gatte aber an seinen Wunden in dem benachbarten Dorfe gestorben sei. Auch vernahm ich, daß nach der früheren Abrede einige gegangen waren diese Trauerbotschaft der Frau Elisabeth zu verkünden. Also hatte ich dort nichts mehr zu tun, noch zu leisten, und doch trieb mich eine unendliche Ungeduld, ein unermeßliches Verlangen durch Berg und Wald wieder vor ihre Türe. Es war Nacht, das Haus verschlossen, ich sah Licht in den Zimmern, ich sah Schatten sich an den Vorhängen bewegen, und so saß ich gegenüber auf einer Bank, immer im Begriff anzuklopfen und immer von mancherlei Betrachtungen zurückgehalten.

Jedoch was erzähl' ich umständlich weiter, was eigentlich kein Interesse hat. Genug, auch am folgenden Morgen nahm man mich nicht in's Haus auf. Man wußte die traurige Nachricht, man bedurfte meiner nicht mehr; man schickte mich zu meinem Vater, an meine Arbeit; man antwortete nicht auf meine Fragen; man wollte mich los sein.

Acht Tage hatte man es so mit mir getrieben, als mich endlich Frau Elisabeth hereinrief. Tretet sachte auf, mein Freund, sagte sie: aber kommt getrost näher! Sie führte mich in ein reinliches Zimmer, wo ich in der Ecke durch halbgeöffnete Bettvorhänge meine Schöne aufrecht sitzen sah. Frau Elisabeth trat zu ihr, gleichsam um mich zu melden, hub etwas vom Bette auf und brachte mir's entgegen; in das weißeste Zeug gewickelt den schönsten Knaben. Frau Elisabeth hielt ihn gerade zwischen mich und die Mutter, und auf der Stelle fiel mir der Lilienstengel ein, der sich auf dem Bilde zwischen Maria und Joseph, als Zeuge eines reinen Verhältnisses aus der Erde hebt. Von dem Augenblicke an war mir aller Druck vom Herzen genommen; ich war meiner Sache, ich war meines Glücks gewiß. Ich konnte mit Freiheit zu ihr treten, mit ihr sprechen, ihr himmlisches Auge ertragen, den Knaben auf den Arm nehmen und ihm einen herzlichen Kuß auf die Stirn drücken.

Wie danke ich euch für eure Neigung zu diesem verwais'ten Kinde! sagte die Mutter. – Unbedachtsam und lebhaft rief ich aus: Es ist keine Waise mehr, wenn ihr wollt!

Frau Elisabeth, klüger als ich, nahm mir das Kind ab und wußte mich zu entfernen.

Noch immer dient mir das Andenken jener Zeit zur glücklichsten Unterhaltung, wenn ich unsere Berge und Wälder zu durchwandern genötigt bin. Noch weiß ich mir den kleinsten Umstand zurückzurufen, womit ich euch jedoch, wie billig, verschone. Wochen gingen vorüber; Maria hatte sich erholt, ich konnte sie öfter sehen, mein Umgang mit ihr war eine Folge von Diensten und Aufmerksamkeiten. Ihre Familienverhältnisse erlaubten ihr einen Wohnort nach Belieben. Erst verweilte sie bei Frau Elisabeth; dann besuchte sie uns, meiner Mutter und mir für so vielen und freundlichen Beistand zu danken. Sie gefiel sich bei uns und ich schmeichelte mir, es geschehe zum Teil um meinetwillen. Was ich jedoch so gern gesagt hätte und nicht zu sagen wagte, kam auf eine sonderbare und liebliche Weise zur Sprache, als ich sie in die Kapelle führte, die ich schon damals zu einem wohnbaren Saal umgeschaffen hatte. Ich zeigte und erklärte ihr die Bilder, eins nach dem andern, und entwickelte dabei die Pflichten eines Pflegevaters auf eine so lebendige herzliche Weise, daß ihr die Tränen in die Augen traten und ich mit meiner Bilderdeutung nicht zu Ende kommen konnte. Ich glaubte ihrer Neigung gewiß zu sein, ob ich gleich nicht stolz genug war, das Andenken ihres Mannes so schnell auslöschen zu wollen. Das Gesetz verpflichtet die Witwen zu einem Trauerjahre, und gewiß ist eine solche Epoche, die den Wechsel aller irdischen Dinge in sich begreift, einem fühlenden Herzen nötig, um die schmerzlichen Eindrücke eines großen Verlustes zu mildern. Man sieht die Blumen welken und die Blätter fallen, aber man sieht auch Früchte reifen und neue Knospen keimen. Das Leben gehört den Lebendigen an, und wer lebt, muß auf Wechsel gefaßt sein.

Ich sprach nun mit meiner Mutter über die Angelegenheit, die mir so sehr am Herzen lag. Sie entdeckte mir darauf, wie schmerzlich Marien der Tod ihres Mannes gewesen und wie sie sich ganz allein durch den Gedanken, daß sie für das Kind leben müsse, wieder aufgerichtet habe. Meine Neigung war den Frauen nicht unbekannt geblieben, und schon hatte sich Marie an die Vorstellung gewöhnt, mit uns zu leben. Sie verweilte noch eine Zeitlang in der Nachbarschaft, dann zog sie zu uns herauf und wir lebten noch eine Weile in dem frömmsten und glücklichsten Brautstande. Endlich verbanden wir uns. Jenes erste Gefühl, das uns zusammengeführt hatte, verlor sich nicht. Die Pflichten und Freuden des Pflegevaters und Vaters vereinigten sich; und so überschritt zwar unsere kleine Familie, indem sie sich vermehrte, ihr Vorbild an Zahl der Personen, aber die Tugenden jenes Musterbildes an Treue und Reinheit der Gesinnungen wurden von uns heilig bewahrt und geübt. Und so erhalten wir auch mit freundlicher Gewohnheit den äußern Schein, zu dem wir zufällig gelangt, und der so gut zu unserm Innern paßt: denn ob wir gleich alle gute Fußgänger und rüstige Träger sind, so bleibt das lastbare Tier doch immer in unserer Gesellschaft, um eine oder die andere Bürde fortzubringen, wenn uns ein Geschäft oder Besuch durch diese Berge und Täler nötigt. Wie ihr uns gestern angetroffen habt, so kennt uns die ganze Gegend, und wir sind stolz darauf, daß unser Wandel von der Art ist, um jenen heiligen Namen und

Gestalten, zu deren Nachahmung wir uns bekennen, keine
Schande zu machen.«

FA I.10, S. 263-285

Aus »Wilhelm Meisters Wanderjahre«

Zweites Buch, Viertes Kapitel
(Der Mann von fünfzig Jahren)

Wer heute durch eine düstere Novembernacht sich in der Gegend des adeligen Schlosses verirrt hätte, und bei dem schwa-
chen Lichte eines bedeckten Mondes Äcker, Wiesen, Baum-
gruppen, Hügel und Gebüsche düster vor sich liegen sähe, auf
einmal aber bei einer schnellen Wendung um eine Ecke die
ganz erleuchtete Fensterreihe eines langen Gebäudes vor sich
erblickte, er hätte gewiß geglaubt, eine festlich geschmückte
Gesellschaft dort anzutreffen. Wie sehr verwundert müßte er
aber sein, von wenigen Bedienten erleuchtete Treppen hinauf-
geführt, nur drei Frauenzimmer, die Baronin, Hilarien und
das Kammermädchen, in hellen Zimmern zwischen klaren
Wänden, neben freundlichem Hausrat, durchaus erwärmt und
behaglich, zu erblicken.

Da wir nun aber die Baronin in einem festlichen Zustande
zu überraschen glauben, so ist es notwendig zu bemerken, daß
diese glänzende Erleuchtung hier nicht als außerordentlich
anzusehen sei, sondern zu den Eigenheiten gehöre, welche die
Dame aus ihrem frühern Leben mit herübergebracht hatte.
Als Tochter einer Oberhofmeisterin, bei Hof erzogen, war sie
gewohnt den Winter allen übrigen Jahreszeiten vorzuziehen

und den Aufwand einer stattlichen Erleuchtung zum Element aller ihrer Genüsse zu machen. Zwar an Wachskerzen fehlte es niemals, aber einer ihrer ältesten Diener hatte so große Lust an Künstlichkeiten, daß nicht leicht eine neue Lampenart entdeckt wurde, die er im Schlosse hie und da einzuführen nicht wäre bemüht gewesen, wodurch denn zwar die Erhellung mitunter lebhaft gewann, aber auch wohl gelegentlich hie und da eine partielle Finsternis eintrat.

Die Baronin hatte den Zustand einer Hofdame durch Verbindung mit einem bedeutenden Gutsbesitzer und entschiedenen Landwirt aus Neigung und wohlbedächtig vertauscht, und ihr einsichtiger Gemahl hatte, da ihr das Ländliche anfangs nicht zusagte, mit Einstimmung seiner Nachbarn, ja nach den Anordnungen der Regierung, die Wege mehrere Meilen ringsumher so gut hergestellt, daß die nachbarlichen Verbindungen nirgends in so gutem Stande gefunden wurden; doch war eigentlich bei dieser löblichen Anstalt die Hauptabsicht, daß die Dame, besonders zur guten Jahrszeit, überall hinrollen konnte; dagegen aber im Winter gern häuslich bei ihm verweilte, indem er durch Erleuchtung die Nacht dem Tag gleich zu machen wußte. Nach dem Tode des Gemahls gab die leidenschaftliche Sorge für ihre Tochter genugsame Beschäftigung, der öftere Besuch des Bruders herzliche Unterhaltung, und die gewohnte Klarheit der Umgebung ein Behagen, das einer wahren Befriedigung gleich sah.

Den heutigen Tag war jedoch diese Erleuchtung recht am Platze; denn wir sehen in einem der Zimmer eine Art von Christbescherung aufgestellt, in die Augen fallend und glänzend. Das kluge Kammermädchen hatte den Kammerdiener dahin vermocht, die Erleuchtung zu steigern und dabei alles zusammengelegt und ausgebreitet, was zur Ausstattung Hilarien's bisher vorgearbeitet worden, eigentlich in der listigen Absicht mehr das Fehlende zur Sprache zu bringen, als dasjenige zu erheben was schon geleistet war. Alles Notwendige fand sich, und zwar aus den feinsten Stoffen und von der zierlichsten Arbeit; auch an Willkürlichem war kein Mangel, und doch wußte Ananette überall da noch eine Lücke anschaulich zu machen, wo man eben so gut den schönsten Zusammenhang hätte finden können. Wenn nun alles Weißzeug, stattlich ausgekramt, die Augen blendete, Leinwand, Musselin und alle die zarteren Stoffe der Art, wie sie auch Namen haben mögen, genugsames Licht umher warfen, so fehlte doch alles bunte Seidene, mit dessen Ankauf man weislich zögerte, weil man bei sehr veränderlicher Mode das Allerneueste als Gipfel und Abschluß hinzufügen wollte.

Nach diesem heitersten Anschauen schritten sie wieder zu ihrer gewöhnlichen, obgleich mannigfaltigen Abendunterhaltung. Die Baronin, die recht gut erkannte, was ein junges Frauenzimmer, wohin das Schicksal sie auch führen mochte, bei einem glücklichen Äußern auch von innen heraus anmutig und ihre Gegenwart wünschenswert macht, hatte in diesem ländlichen Zustande so viele abwechselnde und bildende Unterhaltungen einzuleiten gewußt, daß Hilarie bei ihrer großen Jugend schon überall zu Hause schien, bei keinem Gespräch sich fremd erwies und doch dabei ihren Jahren völlig gemäß sich erzeigte. Wie dies geleistet werden konnte zu entwickeln, würde zu weitläufig sein; genug dieser Abend war auch ein Musterbild des bisherigen Lebens. Ein geistreiches Lesen, ein anmutiges Pianospiel, ein lieblicher Gesang zog sich durch die Stunden durch, zwar wie sonst, gefällig und regelmäßig, aber doch mit mehr Bedeutung; man hatte einen Dritten im Sinne, einen geliebten verehrten Mann, dem man dieses und so manches Andere zum freundlichsten Empfang vorübte. Es war ein bräutliches Gefühl, das nicht nur Hilarien mit den süßesten Empfindungen belebte, die Mutter mit feinem Sinne nahm ihren reinen Teil daran und selbst Ananette, sonst nur klug und tätig, mußte sich gewissen entfernten Hoffnungen hingeben, die ihr einen abwesenden Freund als zurückkehrend, als gegenwärtig vorspiegelten. Auf diese Weise hatten sich die Empfindungen aller drei in ihrer Art liebenswürdigen Frauen mit der sie umgebenden Klarheit, mit einer wohltätigen Wärme, mit dem behaglichsten Zustande in's Gleiche gestellt.

Fünftes Kapitel

Heftiges Pochen und Rufen an dem äußersten Tor, Wortwechsel drohender und fordernder Stimmen, Licht und Fackelschein im Hofe unterbrachen den zarten Gesang. Aber gedämpft war der Lärm ehe man dessen Ursache erfahren hatte; doch ruhig ward es nicht, auf der Treppe Geräusch und lebhaftes Hin- und Hersprechen heraufkommender Männer. Die Türe sprang auf ohne Meldung, die Frauen entsetzten sich. Flavio stürzte herein in schauderhafter Gestalt, verworrenen Hauptes, auf dem die Haare teils borstig starrten, teils vom Regen durchnäßt niederhingen; zerfetzten Kleides wie eines der durch Dorn und Dickicht durchgestürmt, greulich beschmutzt, als durch Schlamm und Sumpf herangewadet.

FA I.10, S. 468-472

Aus dem Maskenzug 1818

Weihnachts-Kinder

Der Winter ist den Kindern hold,
Die jüngsten sind's gewohnt.
Ein Engel kommt, die Flüglein Gold,
Der guten Kindern lohnt.
Sie sind geschickt, sie sind bereit
Zu mancher Jahre Lauf;
Nun sind wir fromm auf Lebenszeit;
Der Himmel tat sich auf.
Sie kommen, bringen, groß wie mild,
Ein einzig Weihnachtsfest!
Auf Erden bleibet Ihr sein Bild,
Auch uns im Herzen fest.

Ich weiß, wir dürfen D i r uns nah'n,
Uns gönnst D u jede Zeit,
Wie selig ist es zu empfahn,
Und Dank ist Seligkeit.
Bedürfnis macht die Kinder gleich,
Sie blickt und hilft geschwind.
Denn hoch und niedrig, arm und reich,
Das alles ist Ihr Kind.

FA I.6, S. 833

Antik und modern.
Zu Radierungen von Sébastien Bourdon

Und so führen wir noch zum Schlusse einen neueren Künstler vor, um zu zeigen daß wir nicht eben gar zu hoch hinaus wollen, sondern auch mit bedingten Werken und Zuständen zufrieden sind. Sebastian *Bourdon*, ein dem siebzehnten Jahrhundert angehöriger Künstler, dessen Name wohl jedem Kunstliebhaber mehrmals um die Ohren gesummt, dessen Talent jedoch in seiner ächten Individualität nicht immer verdiente Anerkennung genossen hat, liefert uns vier eigenhändig radirte Blätter, in welchen er den Verlauf der *Flucht nach Aegypten* vollständig vorführt.

Man muß zuvörderst den Gegenstand wohl gelten lassen, daß ein bedeutendes Kind aus uraltem Fürstenstamme, dem beschieden ist künftig auf die Welt ungeheuren Einfluß zu haben, wodurch das Alte zerstört und ganz Erneutes dagegen heran geführt wird, daß ein solcher Knabe in den Armen der liebevollsten Mutter, unter Obhut des bedächtigsten Greises geflüchtet und mit göttlicher Hülfe gerettet werde. Die verschiedenen Momente dieser bedeutenden Handlung sind hundertmal vorgestellt und manche hiernach entsprungene Kunstwerke reißen uns oft zur Bewunderung hin.

Von den vier gemeldeten Blättern haben wir jedoch folgendes zu sagen, damit ein Liebhaber der sie nicht selbst vor Augen schaut einigermaßen unsern Beyfall beurtheilen möge. In diesen Bildern erscheint Joseph als die Hauptperson; vielleicht waren sie für eine Kapelle dieses Heiligen bestimmt.

I.

Das Lokal mag für den Stall zu Bethlehem, unmittelbar nach dem Scheiden der drey frommen Magier, gehalten werden, denn in der Tiefe sieht man noch die beyden bewußten Thiere. Auf einem erhöhteren Hausraum ruht Joseph, anständig in Falten gehüllt, auf das Gepäck gebettet, wider den hohen Sattel gelehnt, worauf das heilige Kind, so eben erwachend, sich rührt. Die Mutter daneben, ist in frommem Gebete begriffen. Mit diesem ruhigen Tagesanbruch contrastirt ein höchst bewegter gegen Joseph heran schwebender Engel, der mit beyden Händen nach einer Gegend hindeutet die, mit Tempeln und Obelisken geschmückt, ein Traumbild Aegyptens hervorruft. Zimmermanns-Handwerkzeug liegt vernachlässigt am Boden.

II.

Zwischen Ruinen hat sich die Familie, nach einer starken Tagreise, niedergelassen. Joseph, an das beladene lastbare, aus einem Steintroge sich nährende Thier gelehnt, scheint einer augenblicklichen Ruhe stehend zu genießen; aber ein Engel fährt hinter ihm her, ergreift seinen Mantel und deutet nach dem Meere hin. Joseph, in die Höhe schauend und zugleich nach des Thieres Futter hindeutend, möchte noch kurze Frist für das müde Geschöpf erbitten. Die heilige Mutter, die sich mit dem Kind beschäftigte, schaut verwundert nach dem seltsamen Zwiegespräch herum: denn der Himmelsbote mag ihr unsichtbar seyn.

III.

Drückt eine eilende Wanderschaft vollkommen aus. Sie lassen eine große Bergstadt zur Rechten hinter sich. Knapp am Zaum führt Joseph das Thier einen Pfad hinab, welchen sich die Einbildungskraft um desto steiler denkt, weil wir davon gar nichts, vielmehr gleich unten hinter dem Vordergrunde das Meer sehen. Die Mutter, auf dem Sattel, weiß von keiner Gefahr, ihre Blicke sind völlig in das schlafende Kind versenkt. Sehr geistvoll ist die Eile der Wandernden dadurch angedeutet, daß sie schon das Bild größtentheils durchzogen haben und im Begriff sind auf der linken Seite zu verschwinden.

IV.

Ganz im Gegensatz des vorigen, ruhen Joseph und Maria in der Mitte des Bildes auf dem Gemäuer eines Röhrbrunnens. Joseph, dahinter stehend und herüber gelehnt, deutet auf ein im Vordergrund umgestürztes Götzenbild und scheint der heiligen Mutter dieses bedeutende Zeichen zu erklären. Sie, das Kind an der Brust, schaut ernst und horchend, ohne daß man wüßte wonach sie blickt. Das entbürdete Thier schmaußt hinterwärts an reich grünenden Zweigen. In der Ferne sehen wir die Obelisken wieder, auf die im Traume gedeutet war. Palmen in der Nähe überzeugen uns daß wir in Aegypten schon angelangt sind.

Alles dieses hat der bildende Künstler in so engen Räumen mit leichten aber glücklichen Zügen dargestellt. Durchdringendes, vollständiges Denken, geistreiches Leben, Auffassen des Unentbehrlichsten, Beseitigung alles Ueberflüßigen, glücklich flüchtige Behandlung im Ausführen. Dies ist es was wir an unsern Blättern rühmen, und mehr bedarf es nicht: denn wir finden hier so gut als irgend wo die Höhe der Kunst erreicht. Der Parnaß ist ein *Mont Serrat*, der viele Ansiedelungen, in mancherley Etagen erlaubt; ein jeder gehe hin, versuche sich und er wird eine Stätte finden, es sey auf Gipfeln oder in Winkeln.

FA I.20, S. 351-353

Sprüche in Prosa

Naivität und Humor

In jedem Künstler liegt ein Keim von Verwegenheit, ohne den kein Talent denkbar ist, und dieser wird besonders rege, wenn man den Fähigen einschränken und zu einseitigen Zwecken dingen und brauchen will.

Rafael ist unter den neuern Künstlern auch hier wohl der reinste. Er ist durchaus naiv, das Wirkliche kommt bey ihm nicht zum Streit mit dem Sittlichen oder gar Heiligen. Der Teppich worauf die Anbetung der Könige abgebildet ist, eine überschwänglich herrliche Composition, zeigt, von dem ältesten anbetenden Fürsten bis zu den Mohren und Affen die sich auf den Camelen mit Aepfeln ergötzen, eine ganze Welt. Hier durfte der heilige Joseph auch ganz naiv charakterisirt werden als Pflegevater der sich über die eingekommenen Geschenke freut.

Auf den heiligen Joseph überhaupt haben es die Künstler abgesehen. Die Byzantiner denen man nicht nachsagen kann daß sie überflüssigen Humor anbrächten, stellen doch bey der Geburt den Heiligen immer verdrießlich vor. Das Kind liegt in der Krippe, die Thiere schauen hinein, verwundert, statt ihres trockenen Futters ein lebendiges, himmlisch-anmuthiges Geschöpf zu finden. Engel verehren den Ankömmling, die Mutter sitzt still dabei; St. Joseph aber sitzt abgewendet und kehrt unmuthig den Kopf nach der sonderbaren Scene.

FA I.13, S. 333 f.

Psychologie des Kindes

Ein zweyjähriger Knabe hatte die Geburtstagsfeyer begriffen, an der seinigen die bescheerten Gaben mit Dank und Freude sich zugeeignet, nicht weniger dem Bruder die seinigen bey gleichem Feste gegönnt.

Hiedurch veranlaßt fragte er am Weihnachts-Abend, wo so viele Geschenke vorlagen: wann denn sein Weihnachten komme? Dies allgemeine Fest zu begreifen war noch ein ganzes Jahr nöthig.

FA I.13, S. 367

Christkindlein trägt die Sünden der Welt,
Sankt Christoph das Kind über Wasser hält,
Sie haben es beid' uns angetan,
Es geht mit uns von vornen an.

FA I.2, S. 396

Weimar, 24. Dezember 1824
An Gräfin Caroline Egloffstein

Am Christabende, wo man am schmerzlichsten empfindet den
Geliebtesten keine Kerze widmen zu können. Neigung und
Theilnahme!

    W. d. 24. Dec. 1824.   Goethe.

FA II.10, S. 230

Weimar, 24. Dezember 1824
An Carl Ludwig Knebel

Möge das nächste Jahr uns beiden und den Unsrigen günstig
sein. Mir kann es nicht an Unterhaltung fehlen, denn ich sehe
für die nächsten drei hundert und fünf und sechzig Tage genug
zu tun. Auch du hast dir soviel Interesse erhalten, daß es dir
weder Tags noch Nachts fehlen kann.

FA II.10, S. 231

An Karoline von Egloffstein
Weihnachten 1827

Ölzweig mit Früchten

Keinen Blumenflor beneid' ich,
Allen Widerstreit vermeid' ich,
Mir ist's gegen die Natur.
Bin ich doch das Mark im Lande
Und, zum sichern Unterpfande,
Friedenszeichen jeder Flur,
Heute, hoff' ich, soll mir's glücken
Würdig schönes Haupt zu schmücken.

WA I.5,1, S. 72

Weimar, 2. Dezember 1830
An Johann Jakob und Marianne von Willemer

Hier ist es nun zu tun, das Weihnachtsfest den Enkeln, nach
ihrem Sinne, möglichst auszuschmücken, welche, so froh, als
läge nichts hinter ihnen, dieser so ersehnten Epoche lernend,
musizierend, spielend entgegenleben.

FA II.11, S. 340

Weihnachtspost von Frankfurt nach Weimar

Catharina Elisabeth Goethe an
Louise von Göchhausen

Geliebtes Freulein!

Die Mode es ist,
Daß frommen Kindern der heilige Christ
Wann sie das Jahr hübsch brav gewesen,
manch schöne Gabe hat auserlesen.
Torten, Rosinen, Gärten mit Lichtern,
Herrn und Dammen mit höltzern Gesichtern,
Äpffel und Birn, Geigen, u Flöten,
Zuckerwerck, Ruthen, Mandlen, Pasteten
Reuter mit Pferden, gut ausstaffirt
nachdem ein jedes sich aufgeführt.
Da nun Frau Aja wohlgemuth –
Den alten Gebräuchen ist hertzlich gut
und Freulein Thusnelda in diesem Jahr
gantz auserordtenlich artig war
So schickt sie hir ein Bildnüß fein,
Das Ihnen wohl mögte kentlich seyn;
und bittet es zum Angedencken,
An Ihren Schwannen Hals zu hencken.
Dadurch ihm dann große Ehre geschicht
s ists aber auch drauf eingericht!
Eitel Gold von vornen von hinten,
Das müßen Sie freylich treflich finden.
Dafür verlang ich ohn Ihr beschweren
Daß Sie mir eine Bitte gewähren.
Mit Ihnen mein Freulein zu discuriren
thu ich oft großen Lusten verspühren
Doch ist der Weg verteufelt weit
Zum Reißen ists jetzt garstige Zeit

Drum thu ich Ihnen zu Gemüthe führen,
mit meinem Gesicht eins zu parliren
Antworten wirds Ihnen freylich nie
Allein wer läugnet wohl Simpatie!
Da wird sich mein Hertzlein vor Freude bewegen
Daß mein Gedächnüß blüht im Seegen
Bey Menschen die Bieder, gut und treu,
Voll warmer Freundschafft ohn Heucheley
Den heut zu Tag sind Freundschafftthaten
so rahr wie unbeschnittne Ducaten –
Doch ist Frau Aja auserkohrn
in einem guten Zeichen gebohrn
kent brave Leute deß ist sie froh,
und singt In dulci Jubilo.
Auch freut sie sich Hertzinniglich
Daß sie kan unterschreiben sich
Dero wahre Freund und Dienerin,
Die ich gewiß von Hertzen bin.

                                    C. E. Goethe.

                                    AA 25, S. 508 f.

Catharina Elisabeth Goethe an ihren Sohn:
den 17ten Decemb 1798

Lieber Sohn!

Heute ist der Christ Confect mit dem Postwagen an Euch abgegangen – das Kistgen das den 29ten November an dich abgegangen – wirst du richtig erhalten haben. Gott! Gebe dir und den Lieben die dir angehören fröhlige Feyertage und ein glückliches Neu Jahr. Merckwürdiges pasirt bey uns gar nichts – und andre Dinge verlohnen nicht der Mühe des Schreibens. Ich bin Gott Lob – gesund gehe meinen alten Schlenderian so fort – und das ist alles. Behalte mich lieb in gutem Andencken – Grüße meine Liebe Tochter und bitte Sie mit dem Christgeschenck vorlieb zu nehmen thue ein gleiches mit dem Lieben Augst Ich bin wie allezeit

Euer allen
treue Mutter Goethe.

AA 25, S. 752

Catharina Elisabeth Goethe an ihren Sohn:
den 2ten Decemb 1799

Lieber Sohn!

Dißmahl nur ein paar Worte den Heiligen Christ betrefendt. Meine Liebe Tochter muß wieder etwas von mir bekommen – aber es muß Ihr auch Freude machen – Sey demnach so gütig und schreibe mir / : aber ja gleich : / was ich thun soll. Nun vor den Lieben Augst weiß ich auch nichts so was Ihn etwa freuen könte – ein Winter Kleidgen hat Er bekommen und da Er im Wachssen ist; so sind Kleidungsstücke im voraus nicht rathsam – Ich schicke hirbey ein Verzeichnüß von allerley villeicht findest du etwas darunter was dem Lieben Jungen Spaß machte – du dürftes in diesem Fall mir nur die No. anzeigen da könte ich in meinem Verzeichnüß nachsehen und die Sache überschicken – Findest du aber nichts darinnen was dir behaget, nun so seye so gut und sage mir etwas anders – aber mit umlaufender Post sonst mögte alles zu spät ankommen. Jetzt kein Wort mehr – ich habe allerley zu treiben – Lebe wohl!

deine
treue Mutter
Goethe.

N. S. Vor die überschickte Bücher dancke – bald von allem ein mehreres – auch Augst soll ehestens meinen Danck vor seinen schönen langen Brief empfahen.

AA 25, S. 761

Catharina Elisabeth Goethe an ihren Sohn: den 10ten December 1804

Lieber Sohn!

Hir kommt der Heilige Christ wünsche daß alles nach gusto seyn möge – keine Mühe habe ich zwar nicht gespart um pünctlich nach der Vorschrift zu handlen – das weiße Seidenzeug habe weder bey Juden noch Christen von der Güte wie das Muster ist bekommen können – unter allen war beykommendes das beste meine Schuld ist es also nicht wenn es nicht gefallen solte. Bey kommender Catun hat mir wegen seiner Niedlichkeit sehr gefallen – und wird als Haußkleid meiner Lieben Tochter gar nicht übel stehen. Auch meinem Lieben Augst wird die Prachtweste wohl gefallen u. s. w. Hirbey kommen die Mercure von diesen Jahr zurück – Euch machts immer Mühe – und mir keine sonderliche ergötzlichkeit – wenn aber sonst etwas vor meinen Gelusten dir zu Handen komt; so gedencke meiner im besten. Neues pasirt gar nichts das dich ammusiren könte, als daß deine Büste im Lesekabinet aufgestelt ist – zu beyden Seiten Wieland und Herder – drey Nahmen die Täuschland immer mit Erfurcht nennen wird. Jetzt Lebe wohl! ich muß packen daß die Herrlichkeiten auf den Postwagen kommen! Kuß u Gruß an deine Lieben von

deiner
treuen Mutter
Goethe.

AA 25, S. 825

Catharina Elisabeth Goethe an ihren Sohn:
den 16ten December 1805

Lieber Sohn!

Hier die kleinen Christ geschencke gedencket meiner dabey und behaltet mich lieb. Ich habe so alles zusammen getromelt darum kommts 8 Tage ehnder als ichs versprochen hatte – der Confect kommt in der Christwoche – da ich von Augst vernommen habe, daß du die roth und weiße Quitten liebst ; so habe sie vor dich aus gesucht – hoffe daß sie dir wohl schmekken und bekommen werden – auch Pomerantzen schalen bekommt meine Liebe Tochter – auch soll die Schachtel wohl /: wie vorm Jahr :/ eingenäht werden – damit die Leckermäuler nicht davon Naschen. Ich muß eilen – damit der Postwagen nicht versäumt werde. Liebet immer – Eure treue Mutter

Goethe

AA 25, S. 837 f.

Catharina Elisabeth Goethe an ihren Sohn: den 12ten December 1806

Lieber Sohn!

Hir erscheint das Christkindlein – hoffe daß es Beyfall erhalten werde! Zwar habe ich einigen Zweifel – erstlich weil ich nicht unterrichtet war, welche Farbe meiner Lieben Tochter lieblings Farbe ist – denn jeder hat so seine Farben die er mag z. E. ich kan die Blaue Farbe seye sie dunckel oder hell nicht ausstehn – da ich nun über diesen Punct im duncklen war; so nahm ich im auswählen das alte Sprichwort in Obacht – was schmutzt, das putzt – daher wählte sowohl zum überrock als zum andern helle Farben – habe ichs getroffen; so ists mirs sehr lieb, wo nicht, so belehrt mich einandermahl eines beßern – vor Augst habe das dunckelte grün das in der gantzen Stadt zu haben war hirmit überschickt – wünsche das es auch das rechte seyn möge, so gantz wie das Muster war in allen Tuch laden keins. Der Confect kommt nach. Unser neuer Herr ist dir längst bekandt ein liebreicher Menschenfreund – Gott! Erhalte Ihn lange.

Einquartirung haben wir freilich noch – aber sehr wenig – wer über die See gefahren ist, fürchtet sich vor dem Main nicht

u. s. w. Deinem Lieben Weibgen dancke vor den lieben Brief
den Sie mir geschrieben hat – Ihr schönes – heroisches – hauß-
hälterisches Betragen hat mein Hertz erfreut – Gott! Erhalte
Ihren frohen Muth – Ein fröliges Hertz, ist ein täglich Wohl-
leben, sagt Sirach. Ein mehreres auf ein andermahl. Glückliche –
vergnügte Feyertage – Ein gesegnetes Neues Jahr – bleibet mir
so wie im alten – und ich bin

Eure

treue Mutter und

großmutter

Goethe.

AA 25, S. 848 f.

Weihnachten im Tagebuch

1776

Morgends bey [Gräfin von Werthern] zu Tisch bey [Herzogin Anna Amalia]. einen Augenbl zu [Frau von Stein] | nachts Cristbescheerung, Würfelspiel. gessen. Mit Kaufm. Uber Herd hohe Nacht halb zwölfe zurück. Druck, Wehmuth und Glauben.

WA III.1, S. 29

1800

Tancred geendigt. Baptista Porta magia naturalis.

WA III.2, S. 315

1802

An Hrn. Prof. Niemeyer nach Halle. Rocchegiani übersendet. An Hrn. Cotta, Tübingen. 2te Sendung von Cellini. An denselben Brief, reutende Post. An Fr. Räthin Goethe.

WA III.3, S. 68

1803

Früh von Jena ab. Mittag Fr. v. Stael, Hr. und Fr. Hofr. v. Schiller und Hr. Hofr. Stark zu Tische, wozu Serenissimus kamen. Abends allein. An Hrn. Dr. Werneburg, Göttingen. An Hrn. Loos, Medailleur, Berlin. An Hrn. Hofr. Schmidt, Wien.

WA III.3, S. 93 f.

1806

Die Metamorphose der Pflanzen fortgeschickt. Schmidt von Wien in Theaterangelegenheiten. Nach Tische Waser, der Sohn, auf der Nachhausereise von Lübeck, wo er als preußischer Angestellter mit in das Unglück gekommen. Merkwürdige Physiognomie, die an den Charakter des Vaters erinnert. Abends bey der Herzogin Mutter, in Gesellschaft mit den fürstlichen Kindern und Herrn Mounier.

WA III.3, S. 183

1807

Gegen Mittag mit Werner bey Durchlaucht dem Herzog. Mittags allein. Abends bey Frau Hofräthin Schopenhauer.

WA III.3, S. 310

1808

Den Morgen in Betrachtung der Theaterangelegenheiten zugebracht. Mittags Herr von Kügelgen zu Tische. Beschauung
der Medaillen in Bronce und Kupfer. Nachher Werner wegen
seiner ersten Visiten und Arnim um Abschied zu nehmen.

WA III.3, S. 407

1809

Früh die Musik. Große Societät. Durchlaucht der Erbprinz. Mittags allein. Abends Massenbachische Schriften.

WA III.4, S. 85

1810

Reise nach Sicilien (bis Palermo). Mittags bey Hofe mit August
wegen des Geburtstags des Kaisers. Abends zu Hause für mich.
Geschäfte geordnet und Kuithans Urcomödien. Emma Körner
Dresden Geh. R.v. Gerning Franckf.

WA III.4, S. 174

1811

Romeo und Julie 5. Act. Mittag bey Hofe. Kaiser Alexanders Geburtstag. Abends Anfang des 5. Acts ins Reine.

WA III.4, S. 248

1812

Sammlung von archivarischen Autographis durch Herrn Geh. Rath von Voigt erhalten. Einige Expeditionen. Theatersession. Mittags Herr von Knebel, welcher nach Tische abreiste. Späße über seine Ungeduld und Unruhe. Abends junge Leute von Jena und Wolffs, ich blieb mit Hofrath Meyer zusammen. An Hrn. Dr. Seebeck, Steinsalz.

Gelindes Wetter, etwas Schnee.

WA III.4, S. 355

1813

Kayser Alexanders Geburtstag Mittag bey Hofe Abends Botaniste cultivateur.

WA III.5, S. 88

1815

Aufsatz, die Boisseréesche Sammlung betreffend. Geh. Hofr. Kirms. Mittag Moltke. Mancherley Erzählungen, besonders von Braunschweig. Hofr. Meyer der zu Mettinghs ging. Blieb für mich und redigirte ältere Gedichte.

WA III.5, S. 197

1816

Verschiedene Briefe. Ruckstuhls Aufsatz. Miscellen für das 2. Heft. Des Russischen Kaisers Geburtstag. August bey Hof zu Tafel. Für mich. Blättchen für Gubitz. Ankunft der Frankfurter Sendung.

WA III.5, S. 297

1817

Brief an Schreibers, an Weigel. Leonards Abendmahl. Copie des Vice-Königs. Vergleichung mit den übrigen. Prof. von Münchow, der Abschied nahm, nach Weimar zu gehen. Zu Knebel, wo Prof. Kosegarten war. Abends Geh. Hofrath Stark. Weyhnachtsbescherung. Abends Sendung von Weimar, Beschäftigung damit.

WA III.6, S. 151

1818

Prosaischer Theil zum Divan. Promemoria wegen des Löberthors. Fortgesetzte Abschrift an den Gedichten zum Aufzug. Frau von Wolzogen und Frau von Schiller. Mittag zu vier. Nach Tische Jones asiatische Poesie. Hofrath Meyer, mit demselben Orientalia. Abends Bescherung und Gesellschaft. Nachts für mich Voigts Naturgeschichte. – Brief an Schubarth nach Leipzig.

WA III.6, S. 275

1819

Nebenstehendes mundirt und abgeschlossen. Brief und Paquet an Herrn Grafen von Reinhard zu Frankfurt a. M., nebst meinem Divan. Firdusi's Heldenbuch des Iran. Italiänische Schule vom 15. bis 17. Jahrhundert.

WA III.7, S. 123

1820

Nebenstehende Expeditionen: Schachtel mit Weihnachtsgeschenken an Geh. Rath von Willemer. An Herrn Geh. Legationsrath Conta Politische Blätter und Auszug aus dem Gesellschafter. – Übrigens aufgeräumt und geordnet. An Fräulein Adele Schopenhauer einen Divan. Spazieren gefahren. Mittags Generalsuperintendent Röhr. Christbescherung für Walther. Nacht für mich. Dionys von Halikarnaß.

WA III.7, S. 262

1821

Nebenstehendes: Herrn Staatsminister von Humboldt nach Berlin. – Zur Naturwissenschaft. Manuscript arrangirt. Von Stein, der Enkel; verschiedenes übergeben, was der Vater von Breslau gebracht. Mittag zu dreyn. Las weiter in Hans von Schweinichen Leben. Gegen Abend Herr von Stein; Gespräch über den Prieborner Sandstein, ferner über die Masseler Blitzröhren. Abends große Weihnachtsbescheerung; ich blieb aber für mich. Späterhin die Kinder. Sodann mein Sohn; Gespräch über den Zustand des Bauwesens, besonders auch über russische Öfen.

WA III.8, S. 149

1822

Meteorologische Betrachtungen und Mittheilungen an Posselt. Einiges zur bessern Ordnung und Catalogirung der Münchner Zeichnungsnachbildungen. Briefe von Rochlitz und von Schreibers. Sonstiges vorbereitet. Absendung der Weihnachtsgedichte an Ihro Kaiserliche Hoheit. Anfang einer Recension des Trauerspiels Adelchi. Mittag zu fünfen. Berzelius neues

System der Mineralogie. Voltaire Histoire de Jenny. Abends Christbescherung.

WA III.8, S. 275

1823

Nebenstehende Expeditionen: Wesselhöfts Druckerey letzte Revisionsbogen 9 und 10 durch den Boten, ferner Bogen 11 und 12 durch die Post. Hamanns Brief copirt durch John. The Abbot 2. Theil. Fünf Porträte von Dawe eingepackt und zum Theil versendet. Um 1 Uhr der Herr Erbgroßherzog. Mittag zu vieren. Verschiedenes, auf die nächsten Hefte Bezügliches. Abends allein. Den dritten Band von Abbot ausgelesen.

WA III.9, S. 158 f.

1824

Promemoria wegen Heinrich Müller. Sendung von Ernst Meyer, die Euphorbien von Röper. Ordnung in verschiedenen Dingen, mein Zimmer aufgeräumt. Buquoys neustes Werk betrachtet. Weihnachten an Professor Riemer. Mittag zu drey. Beschäftigung der Frauenzimmer mit den Christgeschenken. Mannigfaltige Übersichten und Vorbereitungen. Abends Professor Riemer. Wir gingen ältere Aufsätze durch. – An den Professor Güldenapfel nach Jena das Verzeichniß der Incunabeln. Herrn Dr. Ernst Meyer nach Göttingen, mit einem morphologischen Hefte II, 2. An Hofrath Voigt nach Jena, durch Schmeller.

WA III.9, S. 313

1825

Nebenstehendes expedirt: Herrn Generalkonsul Küstner nach Leipzig. Herrn Legationsrath Gerhard, dahin. – Auf fernere Erwiderungen bedacht. Christgeschenke bereitet. Mit Lesung des Land- und Seefahrers beschäftigt.

WA III.10, S. 138

1826

Einige Neujahrsbriefe vorbereitet. Herrn Canzler von Niemeyers Reise nach Frankreich war angekommen. Einiges für Kunst und Alterthum. Herr von Humboldt den Anfang der Helena gelesen. Zusammen spazieren gefahren. Mittag zu vieren. Gegen Abend Herr von Humboldt. Abends Bescheerung im Hause. Ich fuhr fort die Branischen Hefte zu lesen. Auch Canzler von Niemeyers Reise-Erinnerungen.

WA III.10, S. 285

1827

Kleine Gedichte für Freundinnen. Die Scenen zu Faust zur Abschrift redigirt. Manche Sendungen kamen an, von Alfred Nicolovius, ferner von Dresden Haus- und Garten-Ansichten. Ein großes Bücherpacket von London für Ottilien. Bedeutend für mich The Foreign quarterly review No. II London. Die Rezensionen deutscher Werke von Hoffmann, Klingemann, Schulze betrachtet. Herr von Elsholtz sich als Director des Gothaischen Theaters ankündigend. Spazieren gefahren mit Ottilien. Mittags Heinrich Nicolovius. NB. Halb 1 Uhr Frau Großherzogin mannigfaltiges vorgewiesen. Sendung von Autographis von Herrn von Arnim. Abends fortgesetztes Lesen der gestrigen Werke. Später Unterhaltung mit Wölfchen.

WA III.11, S. 152f.

1828

Einiges zum Hauptzwecke. Die Austheilung der Actienbillette eingeleitet. Die nächsten Agenda geordnet. Medaillen in die Kapseln gebracht. Dr. Weller überlieferte das 10. Capitel und den 12. Band der kleinen Ausgabe von Seiten Professor Göttlings. Die Zeichnungen nochmals durchgeschaut und erwogen. Schreiben des Herrn von Gagern an Canzler von Müller ausgezogen. Mittag für mich mit Dr. Weller. Blieb bis gegen 6 Uhr, und wurden mancherley Publica und Privata durchgesprochen. Sodann die Christbescheerung angesehen. Das Bevorstehende durchgedacht und Nothwendiges aufgezeichnet. Besonders auch einige Künstlernamen im Füeßli aufge-

schlagen und über merkwürdige Motive, welche die Zeichnungen darstellten und zu bedenken gaben. Kam eine Sendung von Dublin. Giesecke schickte willkommene Mineralien
und den längst gewünschten Barometerstand vom Februar
1825. – An Frau von Wolzogen, ein Exemplar der Schillerschen
Correspondenz. An Professor Riemer, eine Stelle aus dem
2. Theile Wanderjahre.

WA III.11, S. 319 f.

1829

Mémoires de St. Simon 15. Band. Erlaß an Frau von Pogwisch
wegen der zu behaltenden Bücher. Sendung von Adolf Wag-
ner in Leipzig. Die Werke des Jordanus Brunus, in welchen ich
gleich zu lesen anfing, zu meiner Verwunderung wie immer,
zum erstenmal bedenkend, daß er ein Zeitgenosse Baco's von
Verulam gewesen. Summirung der letzten Börnerischen Rech-
nung. Mittag mit Walthern. Nachher St. Simon fortgesetzt. Auch
die französischen Tagesblätter. Abends Gräfin Line. Den Kindern ward beschert. Sie kamen, um zu danken, sehr fröhlich. –
An Herrn Factor Reichel, Nachricht von der Absendung des
31. Bandes Manuscript, Augsburg. Von Matthisson nach Des-
sau, Übersendung des Chaos bis No. 15 incl. Für morgen vor-
ausbesorgt: Herrn Factor Reichel mit dem 31. Bande, Augsburg.
An Herrn Burgemeister Beyer, mit Handzeichnungen der dortigen Gewerkschule, in Eisenach.

WA III.12, S. 171

1830

Nebenstehendes: Herrn Geh. Rath von Leonhard, Heidelberg. – Mehrere Briefconcepte. Übersetzung aus Huttens Epistel an Pirkheimer. Herr Geh. Rath von Müller das Concept auf das vorliegende Geschäft überbringend, solches vorlesend und besprechend. Mittags in den vordern Zimmern mit Dr. Eckermann. Betrachtung des schönen geschliffenen Bechers aus getrübtem Glase. Nachher den Proceß der französischen Minister von vorn herein gelesen, bis zu der Deposition des Herrn Arago gelesen und überdacht. Alles war beschäftigt mit Heiligenchrist-Angelegenheiten. Geben und Nehmen, Hoffen und Empfangen. Ich blieb für mich und recapitulirte, was allernächst zu expediren sey.

WA III.12, S. 348 f.

1831

Nebenstehendes: Herrn Professor Riemer, Anzeige der Carlsbader Suitensammlung. Herrn Hofrath Voigt, wegen einer anzukaufenden Treppe. An Professor Göttling autorisirte Zettel. An Museumsschreiber Färber deßgleichen. – Von Raumers dreyßigjähriger Krieg. Aufsatz für Carlsbad. Ottilie wegen der Christgeschenke. Mittag Hofrath Vogel. Theils ärztlich-praktische, theils psychologisch-sittliche Betrachtungen. Die neusten Kupferstiche und Radirungen durchgesehen. Sonstiges zur Berliner Sendung nachgebracht. Die Familie war zu Frau von Pogwisch, wo der heilige Christ aufgestellt war. Ich las in den Raumerischen höchst merkwürdigen Excerpten in Paris.

WA III.13, S. 194

Silvester im Tagebuch

1776

Zu Fieckgen. Bey Wiel gessen. Abends nach Tiefurt gefahren allein. den Schlitten zerschlagen. Wunderbare Wirthschafft in der Laube. Fieberhaffte Wehmuth.

WA III.1, S. 29

1777

Conseil. Geld von Merck. Abends zu Hause. Aufgereumt das alte Jahr.

WA III.1, S. 58

1778

Morgens halb sechs auf. gegen neun auf die Jagd leidlich geschossen vergnügt Abends zu Pferd schnell herein.

WA III.1, S. 75

1796

Visiten gefahren. Dann bey Lerse. Die Kupfer der französchen Schule. Einige sehr gute Gemälde. den sogenannten Domenichin abermals. Ein Familienstück von Lairesse, ein Stilleben von Seb. Bourdon pp Blieb zu Tische. Dann nach Hause Laß Fischers Abh. v. der Schwimmblase und die Gemälde des Philostratus.

WA III.2, S. 50

1799

Charpentiers Werk von den Lagerstätten der Erze durchaus gelesen. Einige Briefe. Abends Herr Hofr. Schiller. Die Idee von Entstehung der Gänge durchgesprochen.

WA III.2, S. 277

1800

Abends Hr. Hofr. Schiller und Prof. Schelling zum Abendessen.

WA III.2, S. 316

1806

Abends bey Madam Schopenhauer.

WA III.3, S. 184

1807

Verschiedene Aufsätze: über die Jenaische Schloßreparatur, die dortigen Freymaurer und das hiesige Zeicheninstitut. Verschiedene Theatereinrichtungen. Abends bey Mad. Schopenhauer, wo Gesellschaft war und man mit Gesang Mitternacht abwartete.

WA III.3, S. 311

1808

Correcturbogen Nr. 9 des zweyten Theils der Farbenlehre. Mittags Steffens und Frau, Frommann und Frau, Werner und Werneburg. Abends um 7 Uhr zu Frau von Stein, woselbst Prinzeß Caroline, Gräfin Henkel u. s. w. Mancherley Unterhaltungen und Scherze bis gegen Mitternacht.

WA III.3, S. 409

1809

Brief an Hrn. von Reinhard nach Cassel. Studien die französische Academie betreffend. Musik, wobey große Gesellschaft. Mittags Herr Frommann. Nach Tische Fortsetzung der Studien. Humboldtischer Atlas von Amerika.

WA III.4, S. 86

1810

Sicilianische Reise. Mittags bey Hofe. Chevalier O'Hara zum erstenmal daselbst. Abends auf dem Resourcenball bis nach Mitternacht geblieben. Glückwünsche der Herrschaften zum neuen Jahr.

WA III.4, S. 175

1811

Abschrift von Romeo und Julie besorgt. Briefe. Mittags Bergrath Voigt. Allerley jenaische Geschichten. Abends Resourcenball. Hofrath Meyer war bey mir.

WA III.4, S. 249

1812

Beschäftigung mit dem Doppelspath. Ingleichen mit Anwendung der Farben auf den Magnetismus des Eisens. Kleine Billets und Briefe. Mittag Professor Riemer. Die Damen bereiteten sich zum Balle vor. Abends für mich. Trebra's Erfahrungen vom Innern der Gebirge und Recapitulation früherer Vorstellungsarten. Kam die kleine Büste von Berlin.

Heiterer, warmer Tag.

WA III.4, S. 357 f.

1813

Mittag für uns   Entscheidung wegen August. Hofm. Starke. Med. Rath Kieser.

WA III.5, S. 89

1814

Hofr. Meyer Ferdousi. Resourcen Ball.

WA III.5, S. 145

1815

Dagincourt. Mittag Moltke. Redaction von Gedichten.

WA III.5, S. 197

1816

Expeditionen und aufgeräumt. Oels das Neujahrsgeschenk für den Großherzog. Mittag für [...] Gegen Abend Hofr. Meyer. Frau von Pogwisch und Tochter. Verlobung von Ottilie von Pogwisch mit meinem Sohn. Nachts bey Frau von Heygendorf.

WA III.5, S. 299

1817

Entwurf des Berichts wegen der Baulichkeiten an und in der Bibliothek. Brief an Zelter. Spazieren gefahren gegen Löbstädt. Mittag für mich. Nach Tische das Schema durchgesehn. Um 4 Uhr zu Knebel, fand Herrn Köthe und Demoiselle Wesselhöft, zweyten Theil von Java vorgezeigt. Sendung von Weimar. Rath Vulpius, Inspector Götze.

WA III.6, S. 153

1818

Orientalia weiter bearbeitet. Rehbein. Darin bis Mittag fortge-
fahren. Mittag für uns. Nach Tische Portefeuilles durchgesehen. Abends Rehbein und Hofrath Meyer. Die Kinder waren
auf den Sylvesterball gefahren, wo sie bis am Morgen verblie-
ben.

WA III.6, S. 277

1819

Briefe dictirt. An Herrn von Lichtenstein nach Rudolstadt,
seine Oper zurück. Abends Hofrath Meyer.

WA III.7, S. 124

1820

Auszug aus Purkinje. Schmidt-Phiseldeck Europa und Amerika. Rath Vulpius. An Hofrath Meyer Mundum des Berlinischen
Aufsatzes. Purkinje Auszug fortgesetzt. Commentar angefan-
gen. Einleitung zu dessen und Schultzens Arbeiten. Mittag zu
dreyen. Nach Tische an der chromatischen Arbeit fortgefah-
ren. Einige Versuche deßhalb. Abends Dionys von Halikarnaß,
bis zur Vertreibung der Könige.

WA III.7, S. 264

1821

Einige Briefe vorbereitet. Verordnungen abgefaßt. Herr Pictet de Rochemont von Genf nach Berlin gehend. Mittags zu dreyen. Erhielt den ersten Revisionsbogen der Campagne. Abends Hofrath Meyer. Sodann Gräfin Julie. Zeichnungen neuer Künstler. Auch über den Unterricht im Zeichnen, welcher den Prinzessinnen gegeben werden soll.

WA III.8, S. 151

1822

Vorarbeiten. Halb elf Uhr Frau Großherzogin. Sodann Vorarbeiten zu Kunst und Alterthum, Concepte zu Briefen. Mittag zu sechsen. Nach Tische bald in's hintere Zimmer, manches beseitigt und vorgearbeitet. Abends Herr Soret und Hofrath Meyer zum Thee. Nachher Gespräch über religiose überlieferte Symbole.

WA III.8, S. 278

1823

Mehrere Briefe und Billete vorbereitet: Verordnung an Rentamtmann Lange, wegen Abschluß der Jahresrechnung, nach Jena. Deßgleichen an Cammercalculator Hoffmann, dahier. – Herr Regierungsrath Schmidt, Abschied zu nehmen, nach Ber-

lin gehend. Herr Genast. Herr Rath Hage. Herr Geh. Hofrath
Kirms. Mittag zu zweyen. Die Kinder waren bey der Urgroß-
mutter. Nach Tische Unterhaltung mit meinem Sohn. Den
indischen Missionariús weiter gelesen. Abends Fräulein Adele.
Prosaische und poetische Reisende. Später kam Ulrike von
der Reise. Ging noch zu Schopenhauers. Mein Sohn zu Pike-
nik und Ball. Ich bedachte Schmellers Angelegenheit.

WA III.9, S. 161

1824

Briefe bezüglich auf die gestrige Sendung von Berlin. Abschrif-
ten für Kunst und Alterthum. Brief von Knebel. Nähere Überlegung des Bevorstehenden. Dr. Schrön dankend für den ge-
gönnten Platz in den wissenschaftlichen Heften und sonstige
Begünstigung. Herr Genast, Nachricht von der Verheyrathung
der jüngsten Mamsell Böhler, auch sonstige Nachrichten. Mittag zu dreyen. Nach Tische fortgesetzte Überlegung der nächstbevorstehenden Geschäfte. Abends Professor Riemer, den ersten
Bogen von Kunst und Alterthum durchgehend. Herr Canzler
von Müller, wegen des Briefs an Flatters. Oberbaudirector Coudray, das Pentazonium bringend. Es wird angesehen, gebilligt
und mit Riemer das Nähere besprochen.

WA III.9, S. 316

1825

Nebenstehendes: Herrn Professor Göttling nach Jena, Aus meinem Leben 1. Theil zur Revision, Medaille des Großherzogs und der Großherzogin. Herrn Präsident Nees von Esenbeck, Gedenkblättchen, ingleichen Sendung emetischer Wurzel in einem Kästchen. Herrn Wolfgang Adolph Gerle nach Prag, mit Einlage der Iphigenie an Gräfin Kaunitz. Herrn Professor Oldendorp nach Schulpforte, Ablehnung seines Gesuchs um Vorwort für die herauszugebenden Schriften. NB. Das dazu gehörige Packet war schon dem jungen von Gersdorff mitgegeben worden. Herrn Professor Zelter, Berlin. – Mehrere Concepte vorgearbeitet. Herr Genast, ingleichen Herr Geh. Hofrath Kirms. Kam der letzte Schrank an. Mittag für uns. Hofrath Meyer und Oberbaudirector Coudray.

WA III.10, S. 141f.

1826

Briefe mundirt und die Sendung an Boisserée für morgen vorbereitet. Die Prinzessinnen und Umgebung. Nachher mit Herrn Minister von Humboldt spazieren gefahren. Mittag für uns. Die Beuthische Sendung von Berlin war angekommen. Merkwürdigste Terracottas. Vergleichung derselben mit den englischen Kupfern. Abend Herr Staatsminister von Humboldt. Heute besonders die subjectiven Ansichten der Naturwissenschaften durchgesprochen. Herr Canzler von Müller. Letzterer hatte gestern sein fünf und zwanzigjähriges Dienstjubiläum gefeyert. Vorher Herr Oberbaudirector Coudray.

WA III.10, S. 287f.

1827

Das Hauptgeschäft gefördert. Briefe für morgen mundirt und abgeschlossen. Die zweite Lieferung an Ihro Königliche Hoheiten mit kleinen Gedichten. Tagebuch und Briefwechsel vorbereitet. Abschrift des Zwierleinischen Protokolls für Herrn Canzler. Für mich gespeist. Serenissimus und der Prinz von Barchfeld. Gegen Abend Herr Hofrath Soret. Sehr schöne kubische Crystallisationen Kochsalz auf einem Spane Holz bringend. Herr Canzler von Müller. Zuletzt Dr. Eckermann, welcher bis 9 Uhr blieb, literarische und sittliche Verhältnisse der jungen Engländer besprechend. Hatte im Laufe des Tags mit meinem Sohn über dessen Art das Französische anzugreifen ein angenehmes Gespräch. Nachts beschäftigte sich Wölfchen mancherley Lieder im Takt halb singend vorzulesen, welches ihm nicht übel gelang.

WA III.11, S. 156

1828

Kam der 2. Band der Wanderjahre von Jena. Das Einzuschaltende ward mundirt. Auch das Manuscript selbst durchgenommen und die nothwendigen Correcturen besorgt. Gegen Mittag Herr Hofrath Meyer. Besahen und beurtheilten die Zeichnungen von Leipzig gesendet und besprachen manches andere. Las ich Franklins Leben weiter. Beachtete den zurückgekommenen 2. Theil der Wanderjahre. Hofrath Vogel. Oberbaudirector Coudray. Über das von ihm veranstaltete artige kleine Fest gesprochen. Obiges fortgesetzt.

WA III.11, S. 322f.

1829

Solches früh zu Stande gebracht. John mundirte sogleich. Er hatte vorher die oberaufsichtlichen Geschäfte mit meinem Sohne durchgeführt. Nach 12 Uhr Frau Großherzogin mit Demoiselle Mazelet. Mittag für mich. Blieb in den vordern Zimmern und dachte das nächste Poetische durch. Abends Ihro Hoheit der Großherzog. Fuhr in meinem Geschäft fort und endigte so das Jahr. – Herrn Geh. Legationsrath von Conta, hier.

Vorher Oberbaudirector Coudray, das Programm zur nächsten Redoute besprechend.

WA III.12, S. 174

1830

Die Agenda auf den Januar revidirt und renovirt. Oberaufsichtliche Angelegenheiten durchgearbeitet. Nebenstehendes: Herrn Frommann, wegen einer Bemerkung zum 8. Bogen. – Die zweyte Hälfte des ersten Nachtrags, Original und Übersetzung, revidirt und geheftet. Eckermann hatte gestern das Manuscript von Soret erhalten. Mittag Dr. Eckermann. Weitere Unterhaltung über die Briefsammlung. Las ferner in Walter Scotts Demonology. Verfolgte die botanischen Betrachtungen. Herr von Lützow, Schwiegersohn der Frau Geh. Räthin Loder, mit einem Briefchen von ihr. Ich ajustirte die Agende vom Januar. Berichtigte manches in Haushaltungsangelegenheiten mit Vulpius. Dachte anderes durch für die Folge. Später Ottilie, in Zelters Correspondenz fortgelesen.

WA III.12, S. 353

Ausfertigung in der Riemerischen Sache. Concepte. Nähere Betrachtung des von Mahr gesendeten Pflanzenabdrucks aus Kammerberg. Sonstiges abgeschlossen, vorbereitet. Nebenstehendes: Herrn Professor Riemer, mit Abschrift des höchsten Rescripts. An Controleur Hoffmann, Autorisation zur Auszahlung. Herrn Dr. Steifensand nach Kempen bey Crefeld. – Mittag Nicolovius, der junge Pfarrsohn … und Hofrath Vogel. Unterhaltung, besonders über preußische Administration, den neuen Wegebau im Hennebergischen und dergleichen. War ein Backzahn eines ganz jungen Elephanten von Süßenborn angekommen. Höchst merkwürdig wegen der einzelnen Zahnbildung. Abends für mich. Das neuste aus Kammerberg angekommene fossile Pflanzenexemplar näher beleuchtet und mit schon vorhandenen Abbildungen verglichen. Abends mit den merkwürdigen Auszügen von Raumers aus französischen ungedruckten Documenten beschäftigt. Einige Übersicht des Nächstbevorstehenden.

WA III.13, S. 196 f.

Neujahr

Bei dem erfreulichen Anbruche des 1757. Jahres
wolte Seinen
Hochgeehrtesten und Hertzlichgeliebten
Gros Eltern
Die
Gesinnungen Kindlicher Hochachtung und Liebe
durch Folgende Segens Wünsche
zu erkennen geben
Deroselben
Treugehorsamster Enckel
Johann Wolfgang Goethe.

Erhabner Gros Papa!
Ein Neues Jahr erscheint,
Drum muß ich meine Pflicht und Schuldigkeit entrichten,
Die Ehrfurcht heist mich hier aus reinem Hertzen dichten,
So schlecht es aber ist, so gut ist es gemeint.
Gott, der die Zeit erneut, erneure auch Ihr Glück,
Und cröne Sie dies Jahr mit stetem Wohlergehen;
Ihr Wohlseyn müsse lang so fest wie Cedern stehen,
Ihr Thun begleite stets ein günstiges Geschick;
Ihr Haus sey wie bisher des Segens Sammelplatz,
Und lasse Sie noch spät Möninens Ruder führen,
Gesundheit müsse Sie bis an Ihr Ende zieren,
Dann diese ist gewiß der allergröste Schatz.

Erhabne Gros Mama!
Des Jahres erster Tag
Erweckt in meiner Brust ein zärtliches Empfinden,

Und heist mich ebenfals Sie ietzo anzubinden
Mit Versen, die vielleicht kein Kenner lesen mag;
Indessen hören Sie die schlechte Zeilen an,
Indem sie wie mein Wunsch aus wahrer Liebe fliesen.
Der Segen müsse sich heut über Sie ergiesen,
Der Höchste schütze Sie, wie er bisher getan.
Er wolle Ihnen stets, was Sie sich wünschen, geben,
Und lasse Sie noch oft ein Neues Jahr erleben.
Dies sind die Erstlinge, die Sie anheut empfangen,
Die Feder wird hinfort mehr Fertigkeit erlangen.

WA I.37, S. 1f.

Neujahrslied

Wer kömmt! Wer kauft von meiner War!
Devisen auf das neue Jahr,
Für alle Stände.
Und fehlt auch einer hie und da;
Ein einz'ger Handschuh paßt sich ja
An zwanzig Hände.

Du Jugend, die du tändelnd liebst,
Ein Küßgen um ein Küßgen gibst,
Unschuldig heiter.
Jetzt lebst du noch ein wenig dumm,
Geh nur erst dieses Jahr herum,
So bist du weiter.

Die ihr schon Amors Wege kennt,
Und schon ein bißgen lichter brennt,
Ihr macht mir bange.
Zum Ernst, ihr Kinder, von dem Spaß!
Das Jahr! zur höchsten Not noch das,
Sonst währt's zu lange.

Du junger Mann, du junge Frau,
Lebt nicht zu treu, nicht zu genau
In enger Ehe.
Die Eifersucht quält manches Haus,
Und trägt am Ende doch nichts aus,
Als doppelt Wehe.

Der Witwer wünscht in seiner Not
Zur selgen Frau, durch schnellen Tod
Geführt zu werden.
Du guter Mann, nicht so verzagt!
Das, was dir fehlt, das, was dich plagt,
Find'st du auf Erden.

Ihr, die ihr Misogyne heißt,
Der Wein heb' euern großen Geist
Beständig höher.
Zwar Wein beschweret oft den Kopf,
Doch der tut manchem Ehetropf,
Wohl zehnmal weher.

Der Himmel geb zur Frühlingszeit,
Mir manches Lied voll Munterkeit,
Und Euch gefall' es.
Ihr lieben Mädgen singt sie mit,

Dann ist mein Wunsch am letzten Schritt,
Dann hab' ich alles.

FA I.1, S. 81f.

Weimar, 1. Januar 1778
An Charlotte von Stein

Ich habe gestern Abend viel an Sie gedacht indem ich Briefe
und das ganze Vergangne Jahr zusammen packte.

Ich mögt Ihnen so gern was zum neuen Jahre schicken und
finde nichts, ich bin in Versuchung kommen Ihnen von meinen Haaren zu schicken und hatte sie schon aufgebunden, als
mirs war als wenn diese Bande keinen Zauber für Sie hätten.
Heut werd Ich Sie doch einmal finden.

WA IV.3, S. 204

Weimar, 1. Januar 1781
An Charlotte von Stein

Schon war ich erwacht, und lag und dachte was ich Ihnen zum
neuen Jahr sagen und schicken wollte, als mir Ihr Packetgen
zuvorkam. Ich dancke tausendmal meine beste. Keine Reime
kan ich Ihnen schicken denn mein prosaisch Leben verschlingt
diese Bächlein wie ein weiter Sand, aber die Poesie meine Beste
zu lieben, kan mir nicht genommen werden. Ihr artig Büchs-
gen werd ich immer bey mir führen, und schicke etwas süses

dagegen, das freylich seiner Natur nach angenehm und ver-
gänglich ist. Adieu.

WA IV.5, S. 29

Weimar, 1. Januar 1782
An Charlotte von Stein

Mit dem ersten langsamen Scheine des Tages sag ich dir einen
Willkomm in's neue Jahr, du weisst mit welcher Zufriedenheit
ich es anfange, und daß ich nur Einen Wunsch habe dir recht
danckbaar seyn zu können, da ich dir alles schuldig bin. Es ist
mir als wenn mich nun kein Übel berühren könnte, die schönsten Aussichten liegen vor mir.

WA IV.5, S. 246

Weimar, 31. Dezember 1785
An Charlotte von Stein

Ich freue mich iedes Blicks iedes Buchstabens von dir. Laß uns
einander auch im neuen Jahre bleiben.

WA IV.7, S. 155

Rom, 29. Dezember 1787
An den Herzog Carl August

Jetzt geht die Zeit der Zerstreuung an, für mich weniger als für andre. Kaum ist Christus gebohren; (welcher dieses Jahr mit einer Mondsfinsterniß und einem starcken Donnerwetter seine Geburtsnacht gefeyert hat) so sind auch schon die Narren wieder loß, und die um wenige Tage verdrängte Saturnalien treten ein. Vier große und ein halb Dutzend kleine Theater sind aufgegangen, recitiren, singen, tanzen um die Wette.

FA II.3, S. 366

Weimar, 3. Januar 1795
An Friedrich Schiller

Viel Glück zum neuen Jahre. Lassen Sie uns dieses zubringen, wie wir das vorige geendigt haben, mit wechselseitiger Theilnahme an dem was wir lieben und treiben. Wenn sich die gleichgesinnten nicht anfassen was soll aus der Gesellschaft und der Geselligkeit werden. Ich freue mich in der Hoffnung daß Einwirckung und Vertrauen sich zwischen uns immer vermehren werden

WA IV.10, S. 226

Zum neuen Jahr

Zwischen dem Alten,
Zwischen dem Neuen,
Hier uns zu freuen
Schenkt uns das Glück.
Und das Vergangne
Heißt, mit Vertrauen,
Vorwärts zu schauen,
Schauen zurück.

Stunden der Plage,
Leider, sie scheiden
Treue von Leiden,
Liebe von Lust;
Bessere Tage
Sammlen uns wieder,
Heitere Lieder
Stärken die Brust.

Leiden und Freuden,
Jener verschwundnen,
Sind die Verbundnen
Fröhlich gedenk.
O! des Geschickes
Seltsamer Windung!
Alte Verbindung,
Neues Geschenk!

Dankt es dem regen,
Wogenden Glücke,
Dankt dem Geschicke

Männiglich Gut,
Freut euch des Wechsels
Heiterer Triebe,
Offener Liebe,
Heimlicher Glut!

Andere schauen
Deckende Falten,
Über dem Alten,
Traurig und scheu;
Aber uns leuchtet
Freundliche Treue.
Sehet das Neue
Findet uns neu.

So wie im Tanze
Bald sich verschwindet,
Wieder sich findet
Liebendes Paar;
So, durch des Lebens
Wirrende Beugung,
Führe die Neigung
Uns in das Jahr.

FA I.2, S. 70 f.

Weimar, 1. Januar 1800
An Schiller

Ich war im Stillen herzlich erfreut gestern Abend mit Ihnen das Jahr und da wir einmal 99er sind auch das Jahrhundert zu schließen. Lassen Sie den Anfang wie das Ende seyn und das künftige wie das vergangene.

WA IV.15, S. 1

2. Januar 1810
Charlotte von Schiller an Cotta

Goethe ist nicht immer wohl in diesem Winter, doch hoffe ich, wenn er sich ruhig hält, so wird es vorübergehend sein. Der Dezember ist ihm immer der Monat gewesen, wo er am meisten zu leiden hatte, und jetzt ist doch dieser glücklich vorüber. Er sagt mir doch, er sei nicht untätig. Er hat alle Sonntagmorgen eine Gesellschaft, wo gesungen wird, ich gehe meist hin, denn ich liebe die Musik, und es beruhigt mich so angenehm.

GG II, S. 499

Weimar, 1. Januar 1811
An den Herzog Carl August

Die vergangene Nacht, gnädigster Herr, entschuldige mich, wenn ich nicht persönlich aufwarte, und nur mit wenigen Worten meine Empfindungen andeute.

Im verflossenen Jahre verdancke ich Ew. Durchl. ausser manchem andern bedeutenden Guten auch die Erfüllung meines höchsten Wunsches. Möge der Jüngling, der sich nun unter die Ihrigen zählen darf, durch eine lange Reihe von Jahren Zeuge seyn des Glücks, das Sie Sich und andern in einer bedencklichen Zeit zu verschaffen wissen. Seine Gesinnungen gleichen den meinigen, es kann ihm nichts mehr am Herzen liegen, als Ew. Durchlaucht Wohl und Zufriedenheit.

WA IV.22, S. 1

Aus »Dichtung und Wahrheit«
Drittes Buch

Der Neujahrstag ward zu jener Zeit durch den allgemeinen Umlauf von persönlichen Glückwünschungen für die Stadt sehr belebend. Wer sonst nicht leicht aus dem Hause kam, warf sich in seine besten Kleider, um Gönnern und Freunden einen Augenblick freundlich und höflich zu sein. Für uns Kinder war besonders die Festlichkeit in dem Hause des Großvaters an diesem Tage ein höchst erwünschter Genuß. Mit dem frühsten Morgen waren die Enkel schon daselbst versammelt, um die Trommeln, die Hoboen und Klarinetten, die Posaunen und Zinken, wie sie das Militär, die Stadtmusici und wer sonst

alles ertönen ließ, zu vernehmen. Die versiegelten und über-
schriebenen Neujahrsgeschenke wurden von den Kindern unter die geringern Gratulanten ausgeteilt, und wie der Tag wuchs,
so vermehrte sich die Anzahl der Honoratioren. Erst erschienen die Vertrauten und Verwandten, dann die untern Staats-
beamten; die Herren vom Rate selbst verfehlten nicht ihren
Schultheiß zu begrüßen, und eine auserwählte Anzahl wurde
Abends in Zimmern bewirtet, welche das ganze Jahr über kaum
sich öffneten. Die Torten, Biskuitkuchen, Marzipane, der süße
Wein übte den größten Reiz auf die Kinder aus, wozu noch
kam, daß der Schultheiß so wie die beiden Burgemeister, aus
einigen Stiftungen jährlich etwas Silberzeug erhielten, welches
denn den Enkeln und Paten nach einer gewissen Abstufung
verehrt ward; genug es fehlte diesem Feste im Kleinen an nichts
was die größten zu verherrlichen pflegt.

Der Neujahrstag 1759 kam heran, für uns Kinder erwünscht
und vergnüglich wie die vorigen, aber den ältern Personen
bedenklich und ahndungsvoll. Die Durchmärsche der Fran-
zosen war man zwar gewohnt, und sie ereigneten sich öfters
und häufig, aber doch am häufigsten in den letzten Tagen des
vergangenen Jahres. Nach alter reichsstädtischer Sitte posaunte
der Türmer des Hauptturms so oft Truppen heranrückten, und
an diesem Neujahrstage wollte er gar nicht aufhören, welches
ein Zeichen war, daß größere Heereszüge von mehreren Seiten in Bewegung seien. Wirklich zogen sie auch in größeren
Massen an diesem Tage durch die Stadt; man lief, sie vorbeipas-
sieren zu sehen. Sonst war man gewohnt, daß sie nur in kleinen
Partieen durchmarschierten; diese aber vergrößerten sich nach
und nach, ohne daß man es verhindern konnte oder wollte.
Genug, am 2ten Januar, nachdem eine Kolonne durch Sach-
senhausen über die Brücke durch die Fahrgasse bis an die Kon-
stablerwache gelangt war, machte sie Halt, überwältigte das

kleine, sie durchführende Kommando, nahm Besitz von gedachter Wache, zog die Zeile hinunter, und nach einem geringen Widerstand mußte sich auch die Hauptwache ergeben. Augenblicks waren die friedlichen Straßen in einen Kriegsschauplatz verwandelt. Dort verharrten und bivouakierten die Truppen, bis durch regelmäßige Einquartierung für ihr Unterkommen gesorgt wäre.

FA I.14, S. 93 f.

Im neuen Jahre Glück und Heil!
Auf Weh' und Wunden gute Salbe!
Auf groben Klotz, ein grober Keil!
Auf einen Schelmen, anderthalbe.

FA I.2, S. 384

Jubiläum
am zweiten Januar 1815

Hat der Tag sich kaum erneuet
Wo uns Winterfreude blühet,
Jedermann sich wünschend freuet
Wenn er Freund und Gönner siehet.

Sagt, wie, schon am zweiten Tage,
Sich ein zweites Fest entzündet?
Hat, vielleicht, willkommne Sage
Vaterland und Reich gegründet?

Haben sich die Allgewalten
Endlich schöpferisch entschieden,
Aufzuzeichnen, zu entfalten
Allgemeinen ew'gen Frieden?

Nein! – Dem Würdigen, dem Biedern
Winden wir vollkommne Kränze,
Und zu aller Art von Liedern
Schlingen sich des Festes Tänze.

Selbst das Erz erweicht sich gerne,
Wundersam ihn zu verehren;
Aber ihr, auch aus der Ferne,
Laßt zu seinem Preise hören!

Er, nach langer Jahre Sorgen,
Wo der Boden oft gebidmet,
Sieht nun Fürst und Volk geborgen,
Dem er Geist und Kraft gewidmet.

Die Gemahlin, längst verbunden
Ihm als treulichstes Geleite,
Sieht er auch, der tausend Stunden
Froh gedenk, an seiner Seite.

Leb' Er so, mit Jünglingskräften
Immer herrlich und vermögsam,
In den wichtigsten Geschäften
Heiter klug, und weise regsam.

Und in seiner Trauten Kreise
Sorgenfrei und unterhaltend,
Eine Welt, nach seiner Weise,
Nah und fern umher gestaltend.

FA I.2, S. 343f.

Weimar, 31. Dezember 1816
An Marianne von Willemer

Das Christkindchen hat dieses Jahr, man muß es gestehen, sich sehr liebenswürdig erwiesen, doch kann es eine gewisse Tücke nicht lassen; denn ob es gleich herkömmlich ist, daß man des Papsts Pantoffel küsse, weil ein Kreuz drauf, wohl auch, daß man die Füße der Geliebtesten liebkose, um anzudeuten, daß man sich dem Willen ganz hingibt, der sich uns ergeben hat: so ist es doch unerhört, daß man eine würdige Person durch magische Zeichen nötige, die Hülle seines eigenen Fußes zu verehren, wozu moralisch und physisch gar wunderbare Gebärden nötig wären.

Mit allem dem aber sind Geschenke der Götter, wenn sie auch, wie immer, etwas Problematisches mit sich führen, alles Dankes und aller Freude wert, wie denn ja durch das begleitende Süße alles etwa Bedenkliche aufgehoben wird.

Die hinzugefügten kleinen eingewickelten Gestalten bringen in die Einsiedlerhütte eine wundersame Bewegung. Diese kleine Figuren tun manchmal die Wirkung Congrevescher Raketen, und ich fürchte sehr, die Zeitungen werden ehstens von entzündeten Burgen einige Nachricht geben.

Ähnliche magische Wirkung läßt sich denn auch bei dem

Anblick des so unschuldig scheinenden Landsitzes spüren, denn das Blättchen hat völlig die Art der Klapperschlange, man sieht es immer lieber an, je gefährlicher es anzieht.

Hieraus ist denn abermals deutlich, daß nichts schön, gut und erfreulich sein kann, ohne gewissermaßen bedenklich zu sein; wir aber wollen die Nutzanwendung daraus ziehen, daß der Gedanke, er mag denken oder bedenken, dem Genuß so sehr zu Statten kommt, den er nicht stört, als der Genuß dem Gedanken, wenn er ihn auch auf kurze Zeit stören sollte.

Und um nicht ganz amphigurisch zu schließen, setze ich Folgendes hinzu. Um das Porträtieren mag es freilich eine bedenkliche Sache sein, da es sogar dem heiligen Lukas nicht gelungen sein soll. Ob man der Bemühung eines orientalischen Wortschilderers ein besseres Zeugniß geben wird, steht zu erwarten. Hievon zunächst einige Proben. Heute nur den herzlichsten Danck!

Freude und Liebe ins neue Jahr hinüber

W. d. 31 Dez. 1816   G

FA II.8, S. 77f.

Weimar, 2. Januar 1817
An die Großherzogin Luise

Indem bey der immer bedeutenden Epoche des Jahreswechsels mich in dem Fall befinde Ew. Königlichen Hoheit die mir gnädigst geliehene Blätter dankbar zurück zu senden; so fordert mich der Inhalt derselben zu einiger Betrachtung auf. Es ist darin von einer wichtigen, frommen, belebten und allgemein geförderten Angelegenheit die Rede.

Möge Ew. Königl. Hoheit Höchstem Hause ein gleiches Schicksal bevorstehen und das durch Persönlichkeit und Besitz so wohl Gegründete immerfort zunehmen, wachsen und gedeihen, und zwar unter den Augen dererjenigen die, durch Thun und Ausharren, die eigentlichen Schöpfer und Erhalter des Ganzen sind.

Der ich mich und die Meinigen zu fortdauernder Huld und Gnade empfehle.

WA IV.27, S. 304

Weimar, 27. Dezember 1819
An Johann Jakob und Marianne von Willemer

Gerade zu rechter Zeit und Stunde, eben als Kinder und Enckel zu den Zuckerbäumen eilten und den Grosvater sich selbst überliesen, trat das ersehnte Freundespaar auf, so zufrieden heiter blickend, daß man ihm das Gefühl ansah wie wohl es empfangen sey. Und so kann es denn selbst mitten im abschließenden Schnee nicht einsam werden und die rückkehrende Sonne begrüßt mich in der besten Gesellschaft. Reichliche Zuckergaben machen mich Kindern und Theefreunden interessant; und da Hudhuds Räthsel nicht unergründlich sind; so kann zum neuen Jahre nichts fehlen. Möge alles auch in der Nähe des Mayns zu bestem gereichen und gelingen!

G

FA II.9, S. 16

Weimar, 1. Januar 1821
An den Großherzog Carl August

Ew. Königliche Hoheit
genehmigen heute, wie, zu meinem Glücke, schon so oft am
gleichen Feste, die wärmste Beteurung unwandelbarer Treue
und Anhänglichkeit, so wie des redlichsten Bestrebens, in dem
Ihrigen und von da nach außen, so viel es Naturell und Kräfte
erlauben, auch fernerhin wirksam und nützlich zu sein. Erhalten Höchstdieselben mir das lange bewahrte Kapital von
Gunst und Gnade, welches mir von jeher so reichliche Zinsen
getragen hat.
Weimar den 1. Jänner 1821.

FA II.9, S. 135

Weimar, 29. Dezember 1822
An C. G. D. Nees von Esenbeck

Gedenken Sie mein zu Ende des Jahrs und lassen uns im neuen
immer in thätiger Wechselwirkung vorwärts gehen.

Mit Herrn Grafen Kaspar Sternberg bin seit unserm heitern böhmischen Zusammenseyn in fortdauernder wissenschaft-
licher Verbindung geblieben, wodurch denn auch die Unbilden
des Winters nicht wenig gemildert worden.

Möge Ihnen fortan alles gelingen und mir noch eine Weile
gegönnt seyn, daran freudigen Antheil zu nehmen.

WA IV.36, S. 251

Weimar, 31. Dezember 1823
An Amalie von Levetzow

Das alte Jahr, das mir so viel Schönes und Gutes gegönnt hat, soll nicht vorübergehen ohne daß meine theuern Freundinnen abermals ein Wort des Grußes und Dankes vernehmen. Zwar hat der November mich nicht aufs beste behandelt, doch giebt die Aussicht auf den letzten, und in dessen Gefolg auf den längsten Tag neuen Muth und Hoffnungen. Möge das Alles nach Wunsch gelingen!

FA II.10, S. 134

Weimar, 1. Januar 1825
An den Großherzog Carl August
und die Großherzogin Louise

Wenn ich jemals gewünscht habe, den ganzen Inhalt meiner Gesinnungen Höchst Denenselben vorzulegen, so ist es dieß-mal der Fall, da mich die Bedeutsamkeit einer eintretenden Epoche rückwärts zu schauen anmahnt, wo ich denn unübersehbare Geneigtheit, günstige Vorsehung und hochzuverehrende Nachsicht gewahr werde.

Wenn der Mensch, bey schwer auszugleichendem innern Widerstreit, sich gegen das Ende des Lebens einigermaßen schmeicheln darf, daß er denen, an deren Beyfall alles gelegen ist, nicht ganz mißfallen habe, so ist dieß der größte Gewinn, den er vom Leben erwarten kann.

Möge der Lauf dieses Jahrs alles Gute und Glückliche was um Höchst Dieselben versammelt ist, woran Familie, Staat und so mancher Begünstigte frohen Antheil nimmt, sich vollkommen bewähren und befestigen und eines jeden Muth beleben, neues Wircken und Thätigkeit zu bestehen und ein frisches Daseyn als wie von vorn anzufangen.

WA IV.39, S. 63

Weimar, 29. Dezember 1827
An Friedrich von Müller

Möge denn auch im nächsten Jahre manches andere Begonnene und zu Beginnende fernerhin gelingen und Sie mir die geneigte Mitwirkung freundschaftlich erhalten.

WA IV.43, S. 216

Weimar, 2. Januar 1829
An Carl Friedrich Zelter

Überhaupt muß ich nun versuchen, Tag für Tag, Stunde für Stunde zu sehn, was noch zu leisten ist, um das Gegründete rein aufzurichten und praktisch zu befestigen. Es gibt sehr vorzügliche junge Leute, aber die Hansnarren wollen alle von vornen anfangen und unabhängig, selbstständig, original, eigenmächtig, uneingreifend, gerade vor sich hin, und wie man die Torheiten alle nennen möchte, wirken und dem Unerreichbaren genug tun. Ich sehe diesem Gange seit 1789 zu und weiß, was hätte geschehen können, wenn irgend einer rein eingegriffen und nicht jeder ein Peculium für sich vorbehalten hätte. Mir ziemt jetzt 1829 über das Vorliegende klar zu werden, es vielleicht auszusprechen; und wenn mir das auch gelingt, wird's doch nichts helfen, denn das Wahre ist einfach und gibt wenig zu tun, das Falsche gibt Gelegenheit, Zeit und Kräfte zu zersplittern.

FA II.11, S. 78 f.

Weimar, 31. Dezember 1829
An Carl Friedrich Zelter

Der ich auf alle Fälle eine freundliche liebevolle Aufnahme den treusten Wünschen zum neuen Jahr hoffen darf, und so auf die 365 Tage hin, so viel uns derer gegönnt sein mögen.
Sylvester-Abend 1829.   Goethe.

FA II.11, S. 216

⟨Dem Großherzog Carl August zu Neujahr 1828⟩

Fehlt der Gabe gleich das Neue,
Sei das Alte nicht veraltet,
Wie Verehrung, Lieb' und Treue
Immer frisch im Busen waltet.

Sei auch noch so viel bezeichnet,
Was man fürchtet, was begehrt,
Nur weil es dem Dank sich eignet,
Ist das Leben schätzenswert.

FA I.2, S. 821

Drei Könige

Epiphanias

Die heilgen drei König' mit ihrem Stern,
Sie essen, sie trinken, und bezahlen nicht gern;
Sie essen gern, sie trinken gern,
Sie essen, trinken, und bezahlen nicht gern.

Die heilgen drei König' sind kommen allhier,
Es sind ihrer drei und sind nicht ihrer vier;
Und wenn zu dreien der vierte wär'
So wär' ein heilger drei König mehr.

Ich erster bin der weiß' und auch der schön',
Bei Tage solltet ihr erst mich sehn!
Doch ach! mit allen Spezerein
Werd' ich sein Tag kein Mädchen mehr erfreun.

Ich aber bin der braun' und bin der lang',
Bekannt bei Weibern wohl und bei Gesang.
Ich bringe Gold statt Spezerein,
Da werd' ich überall willkommen sein.

Ich endlich bin der schwarz' und bin der klein'
Und mag auch wohl einmal recht lustig sein.
Ich esse gern, ich trinke gern,
Ich esse, trinke und bedanke mich gern.

Die heilgen drei König' sind wohl gesinnt,
Sie suchen die Mutter und das Kind;
Der Joseph fromm sitzt auch dabei,
Der Ochs und Esel liegen auf der Streu.

Wir bringen Myrrhen, wir bringen Gold,
Dem Weihrauch sind die Damen hold;
Und haben wir Wein von gutem Gewächs,
So trinken wir drei so gut als ihrer sechs.

Da wir nun hier schöne Herrn und Fraun,
Aber keine Ochsen und Esel schaun;
So sind wir nicht am rechten Ort
Und ziehen unseres Weges weiter fort.

FA I.2, S. 98 f.

Den Drillingsfreunden von Cölln,
mit einem Bildnisse

Der Abgebildete
Vergleicht sich billig
Heilgem *Dreikönige*,
Dieweil er willig
Dem Stern, der Ostenher
Wahrhaft erschienen,
Auf allen Wegen war
Bereit zu dienen.

Der Bildner gleichenfalls
Vergleicht sich eben
Dem Reiter, der den Hals
Darangegeben,
Wie *Hämmling* auch getan,
Ein Held geworden

Durch seine Manneskraft
Ritter vom Orden.

Darum zusammen sie
Euch nun verehren,
Die zum Vergangenen
Mutig Sich kehren,
Stein, Heilge, Samt und Gold –
Männiglich strebend
Und altem Tage hold –
Fröhlich belebend.

FA I.2, S. 344 f.

Wenn was irgend ist geschehen,
Hört man's noch in späten Tagen;
Immer klingend wird es wehen,
Wenn die Glock' ist angeschlagen.

Und so laßt von diesem Schalle
Euch erheitern, viele, viele!
Denn am Ende sind wir alle
Pilgernd Könige zum Ziele.

(Im Wandersinne zu einem alten Manuscript der heiligen drei
Königs-Legende.)

FA I.2, S. 619 f.

⟨An Ottilie von Goethe, März 1818⟩

Austausch
Drei heilige Könige gegen Ein schlafend Nymphchen

Alte, bärtige, sogar schwarze Gesichter
Hast du mir überliefert; aber mit solchem Gelichter
Kann ich nicht wieder dienen, jedoch, in lieblicher Breite,
Ein hübsches Kind von der andern Seite.
Sollte der Anblick dich erschrecken,
Du kannst sie leicht mit 'nem Schleier decken.

FA I.2, S. 796

Beschreibung des Kölner Dombildes von Stefan Lochner (aus »Über Kunst und Altertum. Heidelberg«)

Doch zum höchsten Glück mögen es sich die Maler des Niederrheines zählen, daß die Gebeine der drei morgenländischen frommen Könige von Mailand nach Cöln gebracht wurden. Vergebens durchsucht man Geschichte, Fabel, Überlieferung und Legende, um einen gleich günstigen, reichen, gemütlichen und anmutigen Gegenstand auszufinden, als den der sich hier darbietet. Zwischen verfallenem Gemäuer, unter kümmerlichem Obdach, ein neugeborner und doch schon sich selbst bewußter Knabe, auf der Mutter Schoß gepflegt, von einem Greise besorgt. Vor ihm nun beugen sich die Würdigen und Großen der Welt, unterwerfen der Unmündigkeit Verehrung, der Armut Schätze, der Niedrigkeit Kronen. Ein zahlreiches Gefolge steht verwundert über das seltsame Ziel einer langen und beschwerlichen Reise. Diesem allerliebsten Gegenstande sind die niederländischen Maler ihr Glück schuldig, und es ist nicht zu verwundern, daß sie denselben kunstreich zu wiederholen Jahrhunderte durch nicht ermüdeten. Nun aber kommen wir an den wichtigen Schritt, welchen die rheinische Kunst auf der Grenze des vierzehnten und funfzehnten Jahrhunderts tut. Schon längst waren die Künstler, wegen der vielen darzustellenden Charaktere an die Mannigfaltigkeit der Natur gewiesen, aber sie begnügten sich an einem allgemeinen Ausdruck derselben, ob man gleich hie und da etwas Portraitartiges wahrnimmt. Nun aber wird der Meister *Wilhelm von Cöln* ausdrücklich genannt, welchem in Nachbildung menschlicher Gesichter niemand gleichgekommen sei. Diese Eigenschaft tritt nun in dem Dombild zu Cöln auf das bewundernswürdigste hervor, wie es denn überhaupt als die Achse der niederrheinischen Kunstgeschichte angesehen werden kann. Nur ist zu wünschen, daß sein wahres Verdienst historisch-kritisch anerkannt bleibe. Denn freilich wird es jetzt dergestalt mit Hymnen umräuchert, daß zu befürchten ist, es werde bald wieder so verdüstert vor den Augen des Geistes dastehen, wie es ehemals von Lampen- und Kerzenruß verdunkelt den leiblichen Augen entzogen gewesen. Es besteht aus einem Mittelbilde und zwei Seitentafeln. Auf allen dreien ist der Goldgrund nach Maßgabe der bisher beschriebenen Bilder, beibehalten. Ferner ist der Teppich hinter Maria mit Stempeln gepreßt und bunt aufgefärbt. Im Übrigen ist dieses sonst so häufig gebrauchte Mittel durchaus verschmäht, der Maler wird gewahr, daß er Brokat und Damast und was sonst farbenwechselnd, glänzend und scheinend ist, durch seinen Pinsel hervorbringen könne und mechanischer Hülfsmittel nicht weiter bedürfe.

Die Figuren des Hauptbildes so wie der Seitenbilder beziehen sich auf die Mitte, symmetrisch, aber mit viel Mannigfaltigkeit bedeutender Kontraste an Gestalt und Bewegung. Die herkömmlich byzantinische Maxime herrscht noch vollkommen, doch mit Lieblichkeit und Freiheit beobachtet.

Einen verwandten Nationalcharakter hat die sämtliche Menge, welche weiblich die heilige Ursula, ritterlich den Gereon, ins orientalische maskiert, die Hauptgruppe umgibt. Vollkommen Portrait aber sind die beiden knienden Könige und ein Gleiches möchten wir von der Mutter behaupten. Weitläufiger über diese reiche Zusammensetzung und die Verdienste derselben wollen wir uns hier nicht aussprechen, indem das *Taschenbuch für Freunde altdeutscher Zeit und Kunst* uns eine sehr willkommene Abbildung dieses vorzüglichen Werkes vor Augen legt, nicht weniger eine ausreichende Beschreibung hinzufügt, welche wir mit reinerem Dank erkennen würden, wenn nicht darin eine enthusiastische Mystik waltete, unter deren Einfluß weder Kunst noch Wissen gedeihen kann.

Da dieses Bild eine große Übung des Meisters voraussetzt, so mag sich bei genauerer Untersuchung noch ein und das andre der Art künftig vorfinden, wenn auch die Zeit manches zerstört und eine nachfolgende Kunst manches verdrängt hat. Für uns ist es ein wichtiges Dokument eines entschiedenen Schrittes, der sich von der gestempelten Wirklichkeit losmacht und von einer allgemeinen Nationalgesichtsbildung auf die vollkommene Wirklichkeit des Portraits losarbeitet. Nach dieser Ableitung also halten wir uns überzeugt, daß dieser Künstler, er heiße auch wie er wolle, echt deutschen Sinnes und Ursprungs gewesen, so daß wir nicht nötig haben italiänische Einflüsse zu Erklärung seiner Verdienste herbeizurufen.

FA I.16, S. 326-328

Die heiligen drei Könige

Manuscript, lateinisch,
aus dem funfzehnten Jahrhundert.

Die Zueignung ist an einen Bischoff und sein Capitel, wahrscheinlich von Köln, gerichtet. Darauf wird zur Einleitung gesagt:

Die heiligen Leichname der drey Könige seyen zwar nach ihrem Tode in den Occident gebracht worden, allein von ihrem Leben und Wandel im Orient sey noch manches dort bekannt geblieben das nicht zu uns gekommen. Was nun, durch Schauen, Hören und Ueberliefern, sich daselbst erhalten, werde auch in verschiedenen Büchern aufbewahrt. Dieß alles nun sey zur Ehre Gottes und der heiligen Jungfrau in gegenwärtiger Schrift verfaßt und vereiniget worden.

Die Geschichte beginnt mit dem Auszug der Kinder Israel aus Egypten. Ihre Siege und Eroberungen setzen die Welt in Erstaunen und machen selbst die Indier aufmerksam; diese stellen auf dem höchsten Berge *Vaus* Wachen auf, die, wenn irgend ein feindseliger Einbruch geschähe, bey Tage durch Rauch, bey Nacht durch Flamme, ein von allen kleineren Bergen zu wiederholendes Zeichen geben sollten.

Bald darauf aber kommt die Nachricht: Balaam, keineswegs ein Zauberer, sondern ein Naturprophet wie Hiob, habe geweissagt: es wird ein Stern aufgehen aus Jakob und ein Scepter aus Israel aufkommen! Ein Held solle geboren werden die ganze Welt zu überwinden und zu beherrschen. Hierüber freute sich Jung und Alt, da sie seit langer Zeit keinen auslangenden Fürsten gehabt. Nun wird die Anstalt auf dem Berge Vaus astronomisch und bedeutend, tüchtige Männer werden besoldet die den Himmel Tag und Nacht beobachten und, wie sie einen seltsamen Stern ersehen, solches durch verabredete Zeichen verkündigen sollten; wozu sie denn freylich die beste Gelegenheit hatten, indem, bey der östlichen Lage, der großen Höhe des Bergs und der reinen Atmosphäre gar mancher Stern zu erblicken war, der westlicher, an tiefer gelegenen Orten, unsichtbar bleiben mußte. Eine so ernstlich gegründete Anstalt hat sich bis in spätere Zeiten erhalten und die Edlen vom Berge Vaus waren zu Zeiten der Kreuzzüge wohlangesehen und aufgenommen. Hier zeigt sich nun der Ursprung unserer schriftlichen Ueberlieferung.

Als im Jahre 1200 die herrliche Stadt Acco zum höchsten blühte, Fürsten, Freyherrn und Edelleute, Ordensgeistliche jeder Art, Handelsleute und Neugierige aller Nationen zusammenflossen, drang ihr Ruf und Ruhm nach Indien. Ein Edler vom Geschlechte Vaus reist nach Acco und bringt die kostbarsten Schätze mit. Unter andern eine goldne, mit Steinen besetzte Krone, worauf oben das Zeichen des Kreuzes, mit chaldäischen Buchstaben und ein Stern zu sehen, in Gestalt und Gleichniß wie er den drey Königen erschien. Dieses Diadem soll dem König Melchior von Nubien gehört haben und hatte wunderthätige Kraft, es heilte die Fallsucht und erfrischte hinfällige Geister. Nachher kam sie in die Hände der Tempelherren, die reichlichen Vortheil davon zu ziehen wußten, und ging, zu großer Trauer der dortigen Umgegend, bey Aufhebung des Ordens verloren.

Aber dieser Prinz vom Berge Vaus brachte auch Bücher aus Indien, hebräisch und chaldäisch geschrieben, von Leben und Thaten und sonstigen Bezügen der heiligen drey Könige herbey. Diese Bücher wurden zu Acco ins Gallische übersetzt und sind bey Fürsten und Herren und sonstigen Orten aufbewahrt worden. Hieraus nun, und andern Schriften ist gegenwärtiges Büchlein zusammengetragen.

Nun fängt die Erzählung wieder von Balaams Weissagung an und führt den Stern und die Hoffnung auf denselben durch Patriarchen und Propheten; inzwischen freylich die Astronomen des Berges Vaus ihre Beobachtung mit großer Geduld Jahrhunderte lang fortsetzen.

Endlich erbarmt sich Gott der sündigen Welt. Die Fülle der Zeit erscheint; ein Gebot des römischen Kaisers geht aus; Joseph und Maria kommen in Bethlehem an; eine, zur Stallung benutzte Höhle nimmt sie kümmerlich auf; zum anmuthigsten beschrieben; Christus wird geboren und den Hirten verkündigt. Auch der verheißene Stern ist aufgegangen und über dem Berge Vaus unbeweglich stehen geblieben, wetteifernd bey Tage mit der Sonne, ja sie überleuchtend mit wundersam beweglichen, bald da bald dorthin schießenden Strahlen und von andern seltsamen Erscheinungen begleitet.

Alle Völker werden aufgeregt, vorzüglich drey weise Könige. Zuerst Melchior, König der ersten Indien, das heißt Nubien u. s. w. wie seine Reiche beschrieben werden. Balthaser, König der zweyten Indien, von Godolien und Saba und wie seine Reiche sämmtlich aufgezählt sind. Caspar, König der dritten Indien, Herr von Tarsus und der großen Insel Egrysculla, wo gegenwärtig der heilige Thomas begraben liegt. Diese machen sich auf mit großem Gefolg und Heereskraft, ohne von einander zu wissen; die Menschen erschrecken über solchen Durchzug: denn der Stern leuchtet ihnen auf sonderbaren Wegen; Berg und Thal, Sumpf und Wüste gleichen sich vor ihnen aus; ohne Speis' und Trank kommen sie und die Ihrigen in dreyzehn Tagen nach Judäa. Melchior und Balthaser und auch endlich Caspar gelangen, jeder von seiner Seite an den Kalvarienberg, ein starker Nebel fällt ein, der Stern verschwindet und sie sind in großer Verlegenheit. Endlich klärt sich der Himmel auf, sie finden, erkennen und begrüßen sich mit großem Entzücken, erzählen einander ihre Geschichten und Begebenheiten, und, obgleich verschiedene Sprachen redend, verstehen sie sich vollkommen, ein künftiges Pfingstfest vorbedeutend. So nahe bey Jerusalem halten sie für räthlich beym König Herodes einzusprechen; dieser wird durch die Schriftgelehrten unterrichtet, das Kind müsse in Bethlehem geboren seyn. Der Stern erscheint wieder, viel stärker leuchtend und funkelnd, die begegnenden Hirten ertheilen nähere Nachricht vom Kinde und dessen Aufenthalte. Bedeutung und Wichtigkeit dieses Zusammentreffens wird hervorgehoben. Denn durch die Hirten sind die ersten Gläubigen aus dem jüdischen Volke bedeutet, durch die Könige, die Erstlinge der Heyden, die sich künftig zu Christo wenden sollen. Die Aermsten aus der Nähe, die Reichsten aus der Ferne treffen hier zusammen und diese werden erst durch jene von dem wahren Heilswege unterrichtet. Die Könige kleiden sich aufs prächtigste, der Stern geht voran und leitet sie durch ganz Bethlehem, eine lange bazarähnliche Straße hin, bleibt endlich über der Herberge und einer Höhle stehn, wie im bergigen Bethlehem mehrere zur Stallung benutzt werden. Der Glanz des Sterns vermehrt sich, durchdringt mit herrlicher Phosphorescenz alles Dunkele; die Höhle gleicht einem glühenden Ofen.

Anmuthige Beschreibung des Kindes, der Mutter und ihrer Umgebung. Die Könige, verehrend, anbetend, überreichen ihre Geschenke. Melchior Gold, Balthaser Weyhrauch, Caspar Myrrhen, geringe Gaben, wie sie ihnen beym Absteigen sogleich in die Hand fielen: denn, auf Kameelen und Dromedaren, führen sie gränzenlose Schätze mit sich. Nichts Geringeres als den ganzen Schatz Alexanders, den der Beherrscher des Morgenlandes gehäuft, inbegriffen alle Schätze, welche die Königinn von Saba im Tempel Salomonis niedergelegt, und der Welt-Ueberwinder von dort weggeraubt. Unter allen diesen Kostbarkeiten findet sich doch das Kostbarste, ein Apfel von gediegenem Gold. Auch ihn hatte der Monarch besessen und gern in der Hand getragen, als ein Zeichen seiner Allherrschaft; diesen vorzüglich reicht Melchior dem Kinde, als ein würdiges Spielzeug, es aber bläs't ihn an und er zerstiebt in die Luft.

Die Audienz ist geendigt und die frommen, bisher strenge Fasten ausübenden Könige speisen und schlafen zum erstenmal. Sie werden im Traum von der Rückreise zu Herodes abgemahnt, sie ziehen auf einem andern Weg in ihre Lande. Auf der Herreise hatten sie nur dreyzehn Tage zugebracht, vom Christtage bis Epiphanias; auf der Rückreise brauchten sie zwey Jahre, damit aller Welt das große Wunder bekannt würde. Sie gelangen zum Berge Vaus, bauen auf demselben dem Christkind eine Kapelle, bestimmen dabei ihre Gräber und vertheilen sich nach den drey Reichen.

Indessen, gleich nach dem Abzug dieser edlen Gäste, begiebt sich die heilige Familie in eine andre Höhle. Joseph wird im Traum ermahnt nach Egypten zu fliehen. Hier kommen die, in diesem Fall freylich sehr beschwerlichen, indischen Schätze wieder zur Sprache; werden aber, durch eine kluge Wendung des Erzählers, so ins Enge gezogen daß sie in dem Futtersack des Pflegevaters gar wohl Platz finden, welcher Sack und Bündel bey malerischer Vorstellung der hohen Flüchtigen niemals vergessen wird. Der Aufenthalt in Egypten giebt Gelegenheit zu anmuthigen Geschichten vorgekommener Wunder, nicht weniger zu weitläufiger Nachricht über den wahren Balsam und sonstige Naturdinge.

Die Entflohenen kehren zurück, Christi Erdenwandel wird nur im Vorübergehen berührt; umständlicher jedoch erzählt wie er den heiligen Thomas nach Indien sendet. Dieser gehorcht dem hohen Beruf, gelangt bis zum äußersten Osten, predigt das Evangelium, zerstört den Götzendienst; die heiligen drey Könige, nunmehr uralt, hören von ihm, besuchen ihn; mit großem Ergötzen empfängt er sie, erzählt Christi Leben, Leiden und Verherrlichung. Durch die heilige Taufe führt er die Erstlinge der Heyden ganz eigentlich der Kirche zu. Er wandert mit ihnen zum Berge Vaus, an welchem her eine herrliche Stadt Sculla gebaut wird. St. Thomas übernimmt die Würde des Patriarchen, weiht seine drey Könige zu Erzbischöffen. Weil sie aber, im hohen Alter, keine Nachkommenschaft zu erwarten haben, wird ein Presbyter, Namens Johann, für die Zukunft gewählt, mit dem Beding, daß alle seine Nachfolger den gleichen Namen führen sollen.

(Diese haben, wie beyläufig erzählt wird, noch im Jahre 1380 Gesandte nach Rom geschickt.) Die Könige sterben, erst Melchior, dann Balthaser, dann Caspar und werden mit den höchsten Ceremonien begraben.

Aber im Verlauf der Zeit verunreinigt sich die christliche Lehre, Ketzereyen mischen sich ein, das Heydenthum stellt sich her, die ehrwürdigsten Localitäten werden vernachlässigt, besudelt und mit Götzendienst befleckt. Unter diesem Druck seufzt der Orient, bis endlich Helena, Constantins Mutter, den heilig-classischen Boden bewallfahrtet, jede einzelne Stelle in Betracht zieht, alle säubert, mit Kirchen- und Klostergebäuden in Besitz nimmt, die kostbarsten Reliquien unversehrt antrifft, die Stationspuncte künftiger Wallfahrer bezeichnet, und sich um die wanderlustige Christenheit das größte Verdienst erwirbt.

Nun gedenkt sie auch der heiligen drey Leichname, bringt sie vom Berge Vaus nach Constantinopel; später werden sie nach Mayland versetzt und endlich im Jahr 1164 nach Köln. Nun verbreitet sich ihre Verehrung über den ganzen Westen; aber auch der Orient läßt an Würdigung und Anbetung nicht nach, denn selbst die ketzerischen Christen müssen Werth und

Heiligkeit derselben anerkennen. Hier folgt nun umständliche Nachricht von vielerley Ketzern, in den ehemaligen Reichen der drey Könige: als, Nubianer, Soldaner, Nestorianer, Lateiner, Inder, Armenier, Griechen, Syrer, Georgianer, Jakobiten, Cophten, Maroniten, Mandopolen, Arianer. Bey dieser Gelegenheit werden auch einige Nachrichten historischen und geographischen Inhalts gegeben.

Sodann folgt kurze Anweisung wie und wann das Andenken der Heiligen zu verehren. Köln wird glücklich gepriesen solche Reste zu besitzen, und zum Schluß die Gestalt der Erstlinge des Glaubens aus den Heyden, in welcher sie auf Erden wandelten, zu völliger Vergegenwärtigung umständlich beschrieben.

Vorgedachtes Manuscript ist auf 84 Blättern in klein Quart verfaßt, welches Format aus zusammengebrochenem Klein-Folio entsteht. Leinenpapier, quergestreift, eine Traube zum Zeichen. Auf jeder Seite ist die Form des Quadrats, wodurch der Text zusammengehalten wird, sehr fein liniirt; auch sind Linien für einen nicht ausgeführten Titel gezogen. Die Schrift durchaus gleich und sorgfältig, mit vielen, immer wiederkehrenden Abkürzungen, ohne alle Interpunction. Die Capitel fangen mit einem großen rothen Buchstaben an, innerhalb des Textes sind manche größere Buchstaben zu einiger Unterscheidung, von oben herunter, roth durchstrichen. Hieraus folgt daß das Manuscript im Ganzen wohl zu lesen sey, übrigens gut erhalten, auch in späterer Zeit mit schwärzerer Dinte, hie und da, corrigirt, unleserliche Randschrift beygefügt.

Innere Kennzeichen weisen uns in das 15te Jahrhundert. Die Art wie von der Aufhebung der Tempelherren und anderen historischen Vorfallenheiten gesprochen wird, die ausdrückliche Jahrzahl dreyzehn hundert und achtzig, in welchem Jahr Priester Johannes Gesandte nach Rom soll geschickt haben, möchten, wenn gegenwärtiges auch eine spätere Copie seyn sollte, dahin deuten daß das Original zu Anfang des funfzehnten Jahrhunderts gefertigt sey.

Der Bischoff an den es gerichtet ist, heißt Florenz von Vulkannen, Bischoff der Münster-Kirche. Ob dies nun den Dom von Köln bedeute? und ob dieser, zu jenen Zeiten, wie zu Straßburg und andern Orten, der Münster genannt worden? wird sich erweisen; daß es in Köln und für Köln geschrieben sey ergiebt sich aus dem Inhalte und aus dem Schlußrufe: »o glückliches Köln!«

Die Art zu erzählen, wo Geschichte, Ueberlieferung, Mögliches, Unwahrscheinliches, Fabelhaftes, mit Natürlichem, Wahrscheinlichen, Wirklichen, bis zur letzten und individuellsten Schilderung zusammengeschmolzen wird, erinnert an Johannes von Montevilla, und obgleich der Verfasser nicht ausdrücklich erwähnt daß er im gelobten Lande gewesen, so scheinen doch seine genauen Schilderungen dahin zu deuten; er müßte sich denn bey zurückkehrenden Wallfahrern umständlichst erkundigt haben. Seine Legenden und Ableitungen altes Herkommens treffen weder mit Montevilla, noch mit den Actis Sanctorum zusammen; alles ist neu und frisch und läuft, wie der Auszug beweist, geschwätzig hinter einander weg; wobey sich aber folgende Betrachtung aufdringt.

Wenn irgend eine uralte Mythe und ein aus derselben unmittelbar entwickeltes ächtes Gedicht der Einbildungskraft genugsamen Spielraum läßt sich das Unwahrscheinliche, Unmögliche selbst auszubilden, so ist der Hörer zufrieden, und der Rhapsode darf kühnlich vorschreiten; bey einer prosaischen Behandlung jedoch, wo man unternimmt gegebene lakonische Ueberlieferungen ausführlich auszuspinnen, findet sich der Erzähler von Zeit zu Zeit in Verlegenheit, weil in der bis ins Einzelne durchgeführten Fabel manche Widersprüche hie und da hervortreten und selbst den gläubigsten Hörer schütteln und irre machen. Will man jedoch auch diese Weise gelten lassen, so kann man sich an ihr wie an einem andern Mährchen ergötzen.

Uebrigens zeigt uns vorliegendes Werk, gleich so manchem andern, wie sehr von Palästina aus die Einbildungskraft gegen Indien gerichtet war; wie sie in jenen fernen Landen als in einem Irrgarten herumtaumelte und, um halbgekannte Personen, Länder und Städte zu bezeichnen, neue wunderliche Namen erfand, oder die ächten seltsam verunstaltete.

In diesem Sinne vermuthet ein geistreicher Freund, der Berg *Vaus* solle der Berg *Kaus* heißen und dadurch der indische Kaukasus gemeynt seyn. Das Himelaja-Gebirge war durch Tradition wohl schon bekannt genug. Unter der Insel *Egrysculla* müßte, da der heilige Thomas darauf begraben seyn soll, die indische Halbinsel verstanden werden. Die Stadt *Sculla,* am Fuße des Berges Vaus, wäre sodann die zweyte Hälfte des ganzen Landes-Namens; ob hier irgend nachzukommen wird die Folge zeigen. Nähere Gegenden jedoch sind ganz richtig genannt und wenigstens ähnlich angedeutet.

Vom großen Chan, vom Einbruch der Tartaren, (*homines rudes et viles,*) im Jahre 1268, wodurch die ketzerischen Nestorianer gedemüthigt und aufgerieben werden, ist ausführlich gesprochen. Jene östlichen Völker haben sich auch einen Schmied zum Führer gewählt, wie die ältern Perser. Etwas von der Geschichte der Kaliphen, und wie die Nestorianer endlich den Priester Johann gegen die Tartarn anrufen, so wie manches andere, schwebt zwischen Geschichte und Fabel.

Von natürlichen Dingen finden wir den Balsam, und um zu bevorworten daß die Hirten noch im December mit ihren Heerden sich auf dem Felde befinden, wird vom Unterschied der Berg- und Thalweiden gehandelt, ferner der Schafe Nabaoth mit Fettschwänzen gedacht, wodurch arabische Schafe wohl gemeynt seyn mögen.

Unter die fabelhaftesten Wesen aber gehört ein dürrer Baum im Tempel der Tartaren. Er steht hinter Mauern und Befestigungen von Riegeln und Schlössern wohl verwahrt, auch mit Heereskraft bewacht: denn welchem Fürsten es gelingt sein Schild an diesen Baum zu hängen, der wird Herr des ganzen Ostens, wie es dem großen Chan, der deßhalb unwiderstehlich ist, gelungen seyn soll. Nicht unwerth möchte es daher der Bemühung solcher Männer seyn, die, in der Uebereinstimmung mehrerer Traditionen, den Zusammenhang der Völker und Zeiten aufsuchen und gegen einander stellen, wenn sie sich mit diesem Büchlein näher befassen wollten. Gleichfalls wäre es vielleicht belohnend, wenn man das was hier von Ketzern umständlich erzählt ist mit der anerkannten Kirchengeschichte zusammenhalten wollte.

Ins Deutsche übersetzt schlösse sich das Büchlein unmittelbar an die Volksbücher: denn es ist für die Menge erfunden und geschrieben, die sich, ohne den kritischen Zahn zu wetzen, an allem erfreut was der Einbildungskraft anmuthig geboten wird. Und so sind die Einzelnheiten über die wir flüchtigen Fußes hingingen durchaus allerliebst und mit heiterem Pinsel ausgemalt.

Nicht unbemerkt darf bleiben daß manche Stellen sich auf Gemälde wie auf Documente beziehen. So sey z. B. der Stern nicht ein allseitig funkelnder, wie die gewöhnlichen gewesen, sondern habe einzelne da- und dorthin deutende Strahlen geworfen, wie ihn die Maler vorzustellen pflegen. Bestätigt sich unsere Meynung, daß dieses Werk in der ersten Hälfte des funfzehnten Jahrhunderts geschrieben sey, so fällt es in die Zeiten des Dombildes, und es fragt sich ob nicht noch andere Zeugnisse vorhanden sind, daß man damals, durch wörtliche und bildliche Darstellung, die Verehrung der heiligen Reliquien wieder zu beleben gesucht habe.

Bey allem diesen jedoch entsteht die Vorfrage, ob dieses Werk schon bekannt, ob ein Manuscript desselben sich irgendwo vorfinde, ob es genutzt, oder gar gedruckt sey?

FA I.20, S. 441-450

Jena, 22. Oktober 1819
An Johann Sulpiz Melchior Boisserée

Nun aber fließt so eben ein Bach bey mir vorüber, den ich gar zu gern auf Ihre Mühle leiten möchte. Ich erwerbe zufällig ein altes Manuscript, klein Quart, 84 Blätter, mit Abbreviaturen, consequent und also leserlich geschrieben, wenn es mir gleich stellenweise noch Mühe macht. Es enthält die Legende der heiligen drey Könige und ihres Sternes, vom Ausgang der Kinder Israel aus Aegypten an bis zur fortwährenden Verehrung ihrer Reste in Cöln.

Zu welcher Zeit das vorliegende Manuscript geschrieben ist, will ich nicht gleich entscheiden; das Original aber mag, nach innern deutlichen Kennzeichen, zu Anfang des 15. Jahrhunderts verfaßt seyn. Jetzt ist nur die Frage: ob es bekannt ist oder nicht? und deshalb will ich davon in meinem nächsten Stücke Kunst und Alterthum sprechen; vielleicht wissen Sie darüber Auskunft zu geben.

Mag es seyn daß die Überraschung dieses Fundes mich dafür einnimmt, oder weil es an die Reise von Montevilla sogleich erinnert; Geschichte, Überlieferung, Mögliches, Unwahrscheinliches, Fabelhaftes mit Natürlichem, Wahrscheinlichem, Wirklichem bis zur letzten und individuellsten Schilderung zusammen geschmolzen, entwaffnet wie ein Mährchen alle Kritik. Genug ich meine nicht, daß irgend etwas Anmuthigeres und Zierlicheres dieser Art mir in die Hände gekommen wäre.

Weder Pfaffthum noch Philisterey noch Beschränktheit ist zu spüren, die Art, wie der Verfasser sich Glauben zu verschaffen sucht und dann doch auf eine mäßige Weise das Zutrauen seiner Hörer mißbraucht, ohne daß man ihn geradezu für einen Schelm halten kann, ist allerliebst; genug ich wüßte kein Volksbuch neben dem dieses Büchlein nicht stehen könnte.

Mehr sag ich nicht und lege nur Anfang und Schluß bey, woraus hervorgeht, daß das Büchlein eigentlich für Cöln geschrieben ist, und es frägt sich hauptsächlich, ob ein Bischof dieses Namens damals existiret habe und ob man den Dom, wie an andern Orten, die Münster-Kirche genannt hat?

WA IV.32, S. 77f.

Siglenverzeichnis

AA   Artemis-Gedenkausgabe der Werke, Briefe u. Gespräche, hg. von Ernst Beutler. 24 Bände. Zürich 1949 ff.

FA   Frankfurter Ausgabe. J. W. Goethe, Sämtliche Werke, Briefe, Tagebücher und Gespräche. 40 Bde., hg. von F. Apel u. a., Frankfurt am Main 1985-2013.

GG   Goethes Gespräche. Eine Sammlung zeitgenössischer Berichte aus seinem Umgang. Auf Grund der Ausgabe des Nachlasses von Flodoard Freiherrn von Biedermann ergänzt und hg. von Wolfgang Herwig, München 1998.

WA   Weimarer Ausgabe. Goethes Werke, 143 Bde., hg. im Auftrag der Großherzogin Sophie von Sachsen, Weimar 1887-1919.

Nachwort

Die Freude am Kindlichen hat Goethes Einstellung gegenüber dem Weihnachtsfest besonders geprägt. Die Überraschung eines von der bald darauf verstorbenen Großmutter geschenkten Puppenspiels ist geradezu eine Urszene seiner Kreativität geworden – er erinnert sich in *Dichtung und Wahrheit* an die »große lang dauernde Wirkung« dieser urpoetischen Gabe. Sie hat vor allem in der Eingangsszene zum *Wilhelm Meister*-Roman ihre Spuren hinterlassen, aber es ist auffallend, dass auch die anderen Romane Goethes, der *Werther, Die Wahlverwandtschaften* und die *Wanderjahre*, auf jeweils ganz unterschiedliche Weise Weihnachtsszenen enthalten.

Aber selbst wo Weihnachten den Anlass oder, wie Goethe formuliert, die Gelegenheit bietet, etwa in Festtags- oder Widmungsgedichten, dieses Fest zu würdigen, ist es in erster Linie die schlichte Menschlichkeit, weniger ein religiöses oder gar frommes Ereignis, das gefeiert wird. Sicherlich wird man dem Weihnachtsfest in seiner Bedeutung für Goethe eine symbolische Funktion zusprechen müssen, an der das Persönliche und das Gesellige – der Austausch von Geschenken und Süßigkeiten –, das Menschliche und das Legendenhafte ihren Anteil haben. Vielleicht am deutlichsten wird diese Vielschichtigkeit sichtbar, wo sich Goethe auf die bildende Kunst, auf Szenen der Heiligen Familie von Sébastien Bourdon bezieht: »Man muß zuvörderst den Gegenstand wohl gelten lassen, daß ein bedeutendes Kind aus uraltem Fürstenstamme, dem beschieden ist künftig auf die Welt ungeheuren Einfluß zu haben, wodurch das Alte zerstört und ganz Erneutes dagegen heran geführt wird, daß ein solcher Knabe in den Armen der liebevollsten Mutter, unter Obhut des bedächtigsten Greises geflüchtet und mit göttlicher Hülfe gerettet werde. Die verschiedenen Momente dieser bedeutenden Handlung sind hundertmal vorgestellt und manche hiernach entsprungene Kunstwerke reißen uns oft zur Bewunderung hin.«

Die »bedeutende Handlung« – als Aufbruch und Erneuerung – hat denn auch im Verlauf der Lebensjahre Goethes nichts von ihrer Magie verloren. An die eigenen Kindheitserinnerungen schließt sich später die Freude an, die eigenen Enkel in ihrer Aufregung zu erleben. Das Besondere wird dabei zum Allgemeinen, der Unterschied zwischen einem (individuellen) Geburtstag und dem Fest des »Heiligen Christ« will bedacht sein. Neben das Familiäre, das nur beiläufig in den Aufzeichnungen des älteren Goethe erwähnt wird, tritt die Betrachtung, der Austausch im Gespräch oder im Brief. Das Jahresende, das kalendarisch den Beginn einer neuen Zählung bedeutet, wird zum Anlass von Rückblick und neuer Entschlossenheit. Silvester, Neujahr und auch das Fest der Drei Könige beschäftigen Goethe in unterschiedlichen Rollen, als Schenkenden und Beobachtenden in der Familie, als Teilnehmer am gesellschaftlichen Leben des Hofes und seiner ritualisierten Festlichkeit, als Autor wie auch als Betrachter, sei es der Kunst, sei es der Vergangenheit und Gegenwart.

Je älter Goethe wird, desto reichhaltiger und komplexer scheinen die einzelnen Tage zu werden. Was zunächst willkürlich wirken könnte – die Eintragungen aus dem Tagebuch jeweils nur vom 24. und 31. Dezember über die Reihe der Jahre zu verfolgen –, erweist sich je länger je mehr als ein anschaulicher Einblick in einen sich ständig noch erweiternden Horizont. Am Heiligen Abend 1820 liest Goethe Dionys von Halikarnass, im Jahr darauf spricht er mit seinem Sohn »besonders auch über russische Öfen«.

Noch das letzte Silvester, das er erlebte, zeigt eine umwerfende Reichhaltigkeit der Wahrnehmung, sie reicht von der

Unterhaltung über Administration und Wegebau bis zur Auseinandersetzung mit einem Pflanzenabdruck, dem »Backzahn eines ganz jungen Elephanten«, um dann mit den magischen Formeln des alten Goethe auch der Zukunft ihren Platz zu öffnen: »Sonstiges abgeschlossen, vorbereitet. (…) Einige Übersicht des Nächstbevorstehenden.«

Mathias Mayer

Inhalt